沒空在角落哭泣，
找好人生座標，我獨自升級！

看得越遠，走得越直

當當網
年度最具影響力
作家

艾力 著

野人

第6章

生而為人，不必抱歉 213

當你不知道巨浪會將你帶向何處的時候，
你唯一能做的就是——擁抱風浪，保持呼吸。

第1章

世界變化快又急，看得遠，才能穩住自己

充滿不確定的年代，
茫然徬徨的你我，
該如何面對混亂的未來？

當計畫趕不上變化時……

如果讓你用一個詞來形容過去這幾年，或許會是「沮喪」、「無助」、「彷徨」、「重啟」……而這段時間的經歷，也許會牢牢地刻在我們這一代人的記憶裡。

在如此特殊的時期，有一場無比特殊的高考讓我相當難忘——二〇二〇年上海高考的作文題：「世上許多重要的轉折是在意想不到時發生的，這是否意味著人對事物的進程無能為力？」不知道當時的考生看到題目後，是否感到無從下筆。但我想，許多人在生活中遇到類似的「考題」時，恐怕只能感慨命運無常。畢竟，世界上有很多事情都是我們無法預料，更無法掌控的。

二〇一九年，我有個朋友攢了一筆錢開餐廳，本想在二〇二〇年的春節賺個盆滿缽滿，結果一開業就虧到連「底褲」都不剩；當無數大學生憧憬著自己的未來時，許多正在工作的人卻面臨被裁員的危機……人們常說，**人生就是一條漫漫長路，每經過一個路口，都是一次命運的轉折。那麼，在充滿不確定的年代，茫然彷徨站在路口上的你，該如何面對這場轉折呢？**

☆焦慮時，問問偶像會怎麼做吧！

感到沮喪是正常的，二〇二〇年我就迎來了當頭一棒。

認識我的讀者都知道，我善於制定計畫、喜歡一切都在掌控之中，是「時間管理極客」，很難毫無怨言地欣然接受任何不確定性事件。我恨不得榨乾每分每秒的價值，把一天當作三天活；同時，我也喜歡井然有序，會把電腦中的資料歸納到不同的資料夾中，連衣櫃也會按照用途和顏色把衣服整齊區分、擺放。然而，二〇二〇年外部環境的變化，讓我一下子感到壓力很大、非常的痛苦。原本計畫好要舉辦的婚禮與蜜月不得不延期，求學計畫也因此受阻。工作上，突如其來的變故讓我失去很多機會，我甚至還因為網路攻擊，損失了鉅額財產。我抱怨命運的不公，也和無數人一樣渴望糟糕的日子快點過去，生活能夠重啟。

我曾一度面臨崩潰邊緣。幸好，在我最迷茫、最害怕、最慌亂的時候，有一顆「速效救心丸」，阻止我做傻事。

我會對自己說：「What would Caesar do?」（凱撒會怎麼做？）這其實源於西方的一句諺語：「What would Jesus do?」（耶穌會怎麼做？）我不信基督，但我覺得這是非常有用的方法——當遇到人生困難的時候，把自己想像成歷史上某個你特別佩服的人，想像他會做什麼樣的決定。我最佩服的就是凱撒大帝（Julius Caesar）。面對一切不如意的時候，我就想，如果我是凱撒的話，我會怎麼做呢？想必那個一生都在應對變故的他、那個帶領五萬人軍隊，被敵方三十五萬人包圍時還能完勝的他、那個臨死前也沒丟失風度的他，面對這樣的處境，大概會輕蔑地說一句：就這樣？

是啊，那些能在歷史上成就一番事業的人都有個共同特點：處變不驚。他們之所以能做到如此，是因為他們能對外界的變化了然於胸，並將自己融入其中。他們會用一個更大的時間尺度去看待現在的事情，**當時間尺度放大以後，你就不會過分敏感，也不會過分焦慮了，因為你知道，人的一生難免會遇到大風大浪，而你能做的，只有在當下駕馭好「自己」這艘方舟，乘風破浪。**

雖然我們在這幾年遭遇了很大的變故，但是當你把這一年放到更長的十年裡去看，就會覺得這其實不算什麼；當你再把時間尺度放大到一百年去看，就會發現一百年前其實更慘，有各種疾病流行，還有第一、第二次世界大戰。但我們的祖先不也從百年亂世中活下來了嗎？所以，面對現在暫時的困難，不要大驚小怪，更無須憂慮不已，只要把時間尺度放大，這些都不是大事。

我們回過頭看一看，文藝復興時期，在歐洲疾病流行的背景下，義大利文學巨匠薄伽丘（Giovanni Boccaccio）寫出了讚美愛情、鞭笞封建貴族墮落和腐敗，同時體現人文主義思想的《十日談》（*Decameron*）。

一六六五年，在劍橋大學三一學院讀書的牛頓因為學校停課，只好回到老家的鄉下莊園，過著幾乎與世隔絕的生活，整整十八個月。而這段時間卻成為他未來幾十年學術之路的起點，我們所知的「牛頓三大運動定律」、「萬有引力定律」、「微積分概念」以及「光學色彩理論」，這些研究都始於牛頓的「宅家時期」。

一八三〇年的秋天，亞歷山大・普希金（Aleksandr Pushkin）因俄國爆發霍亂，被迫在領地波爾金諾村待三個月，無事可做的普希金在這段時間裡創作了六部中篇小說、二十七首抒情詩，其中包含著名的《葉甫蓋尼・奧涅金》（*Yevgeny Onegin*）……

我們這輩子很難達到上述幾位偉人的成就，但至少我們不該溺死在負面情緒裡。

當我們能讓自己的內心強大起來，遭遇意外時能處變不驚、坦然接受，便不會懼怕所遇之不幸。有智慧的人，面對逆境時不會抱怨或遷怒，而是冷靜下來，先弄清事情的來龍去脈，再想對策解決。

孔子就曾告誡世人：「不遷怒，不貳過。」

有句話說得好：「能控制好自己情緒的人，比拿下一座城池的將軍更偉大。」

可見，能夠順其自然、做到處變不驚、積極自我調整的人，才是真正的強者。

☆不煩惱的唯一解方——行動就對了！

要想做到處變不驚，就必須控制情緒。而情緒的問題，只能透過行動來解決。

當感覺一切不受控制、自己的情緒波動非常大的時候，你是無法用情緒去控制情緒的，因為你越想安慰自己，就越覺得自己可憐，這是一種循環。這時，你真正需要做的，是起身行動。這個行動可以是專注於手頭的事情，也可以著眼於更大的歷史或世界格局之中。美國作家瑞蒙・卡佛（Raymond Carver）曾說：「我還是相信工作的價值——越辛苦越好，因為不工作的人有太多的時間，沉溺於自己和自身的『煩惱』之中。」只要行動起來，你就會自然而然地從負面的、焦慮的情緒中走出來。

我也是用這種方式走出崩潰的。

當我想清楚這一切後，因為短期內也無法出門，便開始在家裡利用網路瘋狂上課，學習優秀創作者的分享方式，也希望能透過學習，把我的知識更清楚、完整地分享給大家。我逼自己不停地讀書，不斷地思考，重溫馬克・吐溫（Mark Twain）的名言「歷史從來不重複，但會押韻」時，我再次感慨自己的煩惱大多是無中生有。

當我把時間和精力都投入到學習的時候，那些負面情緒不知何時已經消散得無處可尋。而在讀到著名專欄作家萬維鋼老師的作品時，我獲得了更大的啟發：你有你的計畫，而世界另有計畫，面對變化時，我們既不該消極地自我否認，也不該自負地抱持迷之自信，如果一個人過於執著地去找規律，去干涉和控制，就變成了迷信。

☆增加好事發生機率，「積極」才有更美好的未來

我們要敬畏這個世界，因為百分之百盲目相信自己，其實是迷信。「迷信」和「探索」背後是類似的思維，只是程度不同。那麼要如何知道自己是理性探索，還是陷入迷信呢？萬維鋼

老師把這種迷信畫分成四個等級：第一級是求神保佑；第二級是追求好運；第三級是陰謀論；第四級是隨時都能發現生活中的意義。所謂「迷信」，就是在沒有道理的地方尋找道理、在沒有意義的地方思考意義、在沒有規律的地方建立規律、在沒有因果的地方強加因果。

關鍵是如何面對隨機事件。

生活中，有些事情就是會無緣無故發生，只有承認自己無法掌控、放棄控制，才是科學的態度。「黑天鵝事件」就是人們盲目自信的最佳證明。

「黑天鵝」這個名稱源自於澳大利亞發現的黑色天鵝。十七世紀以前，歐洲人認為天鵝都是白色的，但當探險者發現第一隻黑天鵝時，「全世界沒有黑天鵝，天鵝都是白色的」，這個過去幾乎不可撼動的觀念就崩塌了。黑天鵝的出現顛覆了既有的認知。人類總是過分自信、過度相信經驗，而一隻黑色的天鵝，就足以徹底顛覆過去幾千年的認知。所以「黑天鵝事件」不是系統內出現錯誤，而是完全於系統之外的認知層面問題。

如果想成為用理性引導思考的人，我們必須明白：不確定性其實才是世界上唯一確定的事；而唯一不變的，就是萬事萬物不斷在變化。

因此，**當計畫趕不上變化時，與其感慨、抱怨，不如告誡自己只有不斷變化才能保持不變。一個人真正需要做的，就是在不確定性中找到確定性，但這份確定性不會永遠一成不變，因此，我們應該學習擁抱這個世界的不確定性。**

自古以來世界都是充滿不確定的，就連人類的出現，也是一種巧合。地球就像是隨機亂數的總和。在浩瀚的宇宙中，地球是人類目前已知唯一有生命存在的星球，是由上千萬個巧合所組成；地球上的生命，也是由上千萬個巧合構成；人類的演化，亦是上千萬個巧合的結果；人類發展出語言，更是上千萬個巧合中，如同「基因突變」般的奇蹟。所以，人類的存在本身就充滿不確定性，而我們每個人都是奇蹟。既然生命本身就是偶然和巧合的產物，那麼一味追求穩定與掌控，其實是過度迷信的表現，而所有迷信，都需要被破除。

雖然我們無法掌控一切，但可以保持積極健康的心理。

心理學家馬汀・塞利格曼（Martin Seligman）認為，**積極地自我暗示，就會有越來越多的好事發生**。其中涉及的心理學理論包括「歸因風格（Attributional style）」和「自我效能感（Self-efficacy）」，樂觀積極的歸因風格，會促使人變得更加主動；強烈的自我效能感，能夠激發個體的內在潛能。也就是說，積極的意識會產生積極的行為。我們可以發現，偉大的科學家、思想家其實都在做同樣的事情：「不斷增加生命中發生好事情的機率。」只有不斷增加這類的機率，你才能夠有更好的未來。

☆反脆弱的選擇：讓「失敗」變成可控，「大材小用」反而提升成功機率

面對問題的時候，不應該追求百分之百肯定的答案，而是想辦法讓成功的天秤盡可能地朝有利於自己的方向傾斜；不能指望一切都會按照我們的要求發展，但應該盡可能地讓自己站在歷史正確的一面。如果想讓好運氣站在自己這邊，就需要做一些「反脆弱」的事情。

所謂的「反脆弱」，其實很簡單，就是去做風險能夠掌控、而且一旦成功就有可能帶來數十倍甚至數百倍效益的事。以「投資」為例，借錢來做高風險的槓桿投資，就是非常脆弱的事。你的確有可能獲利（大多數人獲利約一〇％），但能獲利五〇％以上的人少之又少，而一旦虧損，可能會虧掉所有本金，甚至背上巨額債務，最終讓你走投無路。明明風險這麼高，很多人卻因為少數幾個傳奇的成功案例，就開始槓桿投資，最後都賠了錢。

投資自己的能力，就是一件「反脆弱」的事。

拿寫作舉例，就算我失敗了，無非就是失去時間成本，還不至於走投無路；但成功的話，說不定哪一本書、哪一句話就能讓大家看到，我能因此和世界產生新的連結，我的生命也多了一種可能。另外，我們做事情的時候，將「大材」拿去「小用」，能夠大大提升成功的機率，兵書上便說過，以強勝弱的最好辦法就是大材小用，即犧牲效率追求結果，也就是「集中優勢兵力，逐個殲滅敵人」。另外，做事情不要自我設限。縱觀古今中外，成就卓越的人絕不會被條條框框限制，而是能夠隨機應變。實際上，讓「失敗」變成一種可控的風險，就是反脆弱。

既然計畫往往趕不上世界的變化，就別因為未來的「不確定」而感到迷茫，要學會把事情放到更長遠的時間軸來看，從歷史的角度思考，盡可能做好風險管理，去做可以累積效益的事情。面對挑戰，不要勉強應付、不要自我設限、更不要孤注一擲。唯有如此，在世界發生劇烈變化或出現歷史轉折時，才能讓成功的天秤傾向有利於我們的那一側。

停止焦慮未來，學會擁抱不確定性

最近，我收到很多粉絲私訊提問，許多問題都讓我思考了很久。其中，有位大四學生內心痛苦地說：「老師，我是主修行銷的學生，現在該找工作了，但覺得自己做什麼都不行，感覺這四年都白學了，未來的一切都非常可怕，我不知道自己該如何面對……」也有年紀稍大的粉絲說：「老師，我已經看不懂這個世界了，感覺自己的技能和這個時代完全脫節了，現在的自己好像一無是處。」同時，也有一種聲音在抱怨：「現在網路上的直播或微商，全部都是騙錢的。」其實，大家都在表達同一個問題：「這個世界到底怎麼了？」

☆不是你不夠努力，是規則改變了

社群平台上，有篇貼文的討論度一直都很高：「三十五歲以上的職場人都去哪了？」貼文底下有許多網友分享了自己的真實經歷：有「85後」的程式設計師轉行去送外賣；有上班族在內部競爭中被邊緣化，無奈之下只好在週末跑「閃送（快遞）」和開網約車（網路預約出租車）；

有畢業於中國頂尖「985工程」大學的碩士生，手握幾篇SCI論文，如今卻變成自己年輕時最看不起的「體制內閒人」。還有一則留言說，自己早就預料到三十五歲時飯碗會不保，所以提前跳槽進了國營企業，沒想到企業被收購，他所在的整個部門都被裁員……

是不是我們所有的不解，都是因為這個世界變化得太快了？

但只要認真研究所有的經濟現象，再進一步拓展並加以梳理，就能清晰看到它的發展脈絡——所有市場經濟本身，本質上都是「交易」的過程。

最早的市場交易是從以物易物，發展到後來有了貨幣；從點對點之間的交易，演變成一條線的連結。也因此，開闢絲綢之路的商人真的很了不起，能將商品從中國賣到遙遠的歐洲。而隨著交易量增加，慢慢形成了市場，當市場逐漸擴大，這張交易網出現越來越多重要節點，最終凝聚成為更大的市場……於是，大型的商場、超市出現了。網際網路問世後，人們發現在線上販售的成本更低，既然都能把商品賣出去，為什麼非要拘泥於實體通路呢？電商平台因此誕生，各式各樣的網路商店隨之出現。然而，網路商店盛行後又導致了一個問題：商品選擇越來越多元，要挑選、做比較太麻煩。還不如相信一個人，他說什麼好，我就買什麼，因此「直播帶貨」的風潮盛起，形成了一整條垂直的經濟鏈。

市場的發展趨勢，已經從最早的買「貨」，演變成買「廠」，最終轉變為買「人」。買「貨」指的是購買商品，買「廠」代表購買品牌，而買「人」則是購買信任，這是一個非常自然的演變過程。事實上，並不是市場本身改變了，而是人類重新回到最原始、最自然的交易狀態：基於對彼此信任的交易。

你可能會好奇，為什麼過去沒有這種自然的市場交易狀態？其實，過去之所以無法實現這種交易模式，是因為歷史上很長一段時間裡，人與人之間的連結極為有限。假如我是個優秀的石匠，而你是一位出色的木匠，我可以向你購買木器，你也能向我購買石器。但要是我想再多認識一位鐵匠，他可能住在五百公里以外的村子裡，那麼我就無法輕易地跟他交易了。如今，隨著網際網路的出現，問題就被迎刃而解，網路將所有的供應商、批發商串聯起來，所有因地理限制而形成的隔閡瞬間被瓦解。

電商時代裡，即便是住在偏遠山區的手工藝人，只要學會如何在網路上銷售商品，就有可能在短時間內賣完自己的手工藝品，甚至連偏遠縣市裡的所有農產品，也可能在短短半小時內被搶購一空……這就是現在的市場體系，你無法拒絕，**凡是符合市場發展規律的新事物，便具有其合理性。**

☆打敗你的，是你落後的認知

如果我們仔細回想二〇〇三年SARS疫情期間，就會發現，無論是「京東」也好，「淘寶」也罷，都是在那個時候受到啟發，才一步步發展成現在的電商巨頭。

剛開始，我們其實並不相信網路上的商品：買鞋子怎麼能不先試穿？沒看到商品就要付款，我們怎麼確定東西是真是假？然而，截至二〇二〇年十二月，中國網路購物使用者的規模已經達到將近八億人，正是這樣的巨大變化，促使我們的消費方式產生巨大的轉變。

居家期間，人們開始透過網路上課、訂餐、買菜……全世界逐步進入了新的經濟模式，或許，經濟模式的本質從未改變，變的只是呈現的形式。而這樣的形式，創造了無數的可能性。也正是在這段特殊時期，一些主播透過直播平台帶貨，創造出驚人的銷售紀錄；電商直播快速崛起，甚至有些學校已經開設專門培養電商主播的科系。

那麼問題來了：當市場不斷變化，你該如何應對？說實話，對於那些創造銷售奇蹟的主播，我是既羨慕、又有那麼一點嫉妒，但更多的是恨——恨那個人不是自己。所以，有句話讓我印象非常深刻：**「打敗你的，從來不是你的對手，而是你落後的認知。」**當所有人都在大步向前邁進的時候，如果你還停在原地，甚至還不願踏出第一步，只是一味抱怨社會變了，那你終將成為英文所說的「cynical」，也就是憤世嫉俗的人。這時候，你真正需要做的，而且應該做的，是不斷擁抱改變，順應時代潮流。

當然，也有人會說「我年紀大了，改變不了了」。但我要告訴你，年齡和能不能改變，沒有任何關係。

人變老的真正原因，往往不是因為年紀，而是因為拒絕改變。

有些人二十二歲就老了，因為他拒絕改變；而有些人六十五歲依舊年輕，因為他始終敞開心胸擁抱新事物。「羅輯思維」的創辦人羅振宇老師就是一個好例子，他從體制內辭職後成為自由工作者，進而創辦了「得到」這個線上學習平台，並不斷接受挑戰與改變；著名主持人王小騫，在四十一歲生孩子，四十六歲辭去工作後，毅然決然經營起自己的事業；伊隆·馬斯克

（Elon Musk），眾所周知他非常厲害，但你可能不知道，馬斯克的母親更了不起。她堅持學習，自學取得了兩個碩士學位；六十歲成為時尚雜誌的封面女王，看板還豎立在紐約時代廣場；七十二歲更成為美國的網路紅人。

所以，年齡從來不是不能改變的藉口；人們總是把「我老了」和「改變不了」做連結，事實上，是因為你不願改變，所以才變老。當你願意學習、勇於改變時，就算九十歲了，也依然可以保持年輕。無論什麼時候，都不要用抱怨和藉口，掩飾自己抗拒改變的事實。

☆早一點擁抱科技，早一點創造奇蹟

市場在不斷變化，甚至可以說，全世界正處於即將爆發巨大變革的黎明前夕。有人會說：「老師，你在危言聳聽吧？」但我之所以這麼說，是因為目前許多技術其實已經相當成熟，只是還沒完全地融入現實生活，一旦時機到來，當技術與現實生活真正結合的時候，將會引發天翻地覆的改變。比如，人們一直夢想擁有能夠飛起來的汽車，相信你一定在科幻電影或者動畫片裡看過這樣的場景：當汽車即將墜落懸崖時，駕駛按下某個按鈕，汽車就飛了起來。過去，這種情節只存在於科幻片中，若想真正實現，便需要強大的網路定位功能、能使汽車飛起來的動力，甚至需要能進行高速運算的晶片。當需要的技術都成熟了，並將它們整合以後，「飛天汽車」很快就會問世了。

再比如，遠端3D列印技術，由於材料成本昂貴，目前還不普及，但隨著需求量逐漸增加、技術持續發展，可能再過幾年，人們只要有設計圖，就能實現遠端3D列印。在教育領域也同樣如此，VR（Virtual Reality，虛擬實境）技術在遠距教學的應用備受關注，凡是推出這類產品的企業，在美國上市就備受看好、股價暴漲，而資本的青睞進一步推動這項技術的快速發展。未來，學生只要戴上VR眼鏡，就彷彿能看到老師站在自己面前，即使相隔千山萬水，也能如同身在教室裡一起上課。

這些撲面而來的變化，確實會讓人有點不知所措，那麼該如何應對？我認為，一定要培養三種心態：

- **第一種，不斷學習，並且保持開放的心態。**

我曾經錯失一次難得的投資機會，當時，有人把資料拿給我，我看了一眼，腦子裡就想「這不就是那個什麼嗎？」正是因為這種先入為主的心態，讓我與機會擦肩而過。在那之後，我告訴自己要謹記：「遇到新的事物，不要急著否定它，存在即合理，要去研究它為什麼存在。」就算你不是專業人士，沒有從事相關領域，也應該先了解它存在的意義。

為什麼嗶哩嗶哩能受到那麼多年輕人的喜愛？為什麼看似無聊的選秀節目，卻依然吸引大量觀眾？為什麼二次元文化能如此風靡？很多人一開口就批評：「這是道德的淪喪、社會的退步、人性的缺失……」其實，當有新的事物出現時，我們不應該急著否定，而是用開放的心態去看待，去嘗試理解這些事物背後深層的邏輯與合理性，這樣才能不斷地進步。

- **第二種，保持關注新知的心態。**

想產生巨大改變，必須從知識與科技著手，因此，可以關注各個領域的最新動態與趨勢，這對我們很有幫助。我平時會利用上下班的零碎時間，在手機上瀏覽各種資訊。舉例來說，我注意到一間叫Zoom的公司，專門製作視訊會議軟體，它是美股市場上漲幅最快的一檔股票。你可能會問：「這跟騰訊會議有什麼不同嗎？」但真正該關注的，是它的細節與技術優勢。Zoom在操作上非常流暢，隱私保護做得非常好；平台開放性強，新手上手難度低，這些優勢讓它在眾多視訊會議軟體中脫穎而出，成為美股相關企業裡股價成長最快的一間公司。這只是其中一個例子，其實，我們應該主動關注各行各業的動態資訊，尤其是與自己從事領域相關的資訊，更要特別關注。

我有一位從事體育報導的朋友，第一次聽說人工智慧寫作這項技術時，馬上就意識到，傳統新聞稿件的撰寫形式未來可能會被人工智慧取代，他因此調整了職業規畫，將未來的發展空間轉移至體育評論上。如今，他已經是擁有百萬粉絲的體育評論帳號經營者。

- **第三種，能夠從新資訊中獲益的思考心態。**

我們應該學會善用科技，而非被時代的車輪碾壓，更不要像我過去那樣，因為太快下定論而錯失一個又一個寶貴的機會。曾有次在前往南極的船上，我和來自世界各地的人討論：「關於環保，我們到底應該做什麼？」大家的觀點都集中在應該要推動低碳生活，盡量多騎自行車、少開車，減少一次性餐具的使用。

當然，這些都是正確的做法。但是，這些真的是我們解決問題的唯一方式嗎？於是，我向船上參加討論的人講了個故事：時間回到一百多年前，當時的紐約已經是超級大都市，街道上車水馬龍，熱鬧無比。人們出門會叫「馬車」，或者搭乘「公共交通馬車」，甚至很多人都擁有自己的「私家馬車」，馬除了拉人，還會負責運貨。但隨著城市的快速發展，煩惱也隨之而來。來不及清掃的馬糞遍及大街小巷，臭氣沖天，成為市民的一大困擾。市政局先後採取了許多旨在解決馬糞問題的措施，卻都難以奏效。按照紐約當時的發展速度，未來可能每天會有數萬甚至數十萬輛馬車奔馳在紐約街頭。馬糞的數量幾乎可以鋪滿整座城市，所有人都憂心忡忡。甚至在一八八九年召開了一場以「馬糞問題」為主題的國際會議，結果卻依舊沒有商議出可行的解決辦法。

如今，我們看到的紐約還好好的，並沒有被馬糞淹沒。為什麼呢？因為人類發明了汽車，馬車被取代了！現在城市的情況，比當年滿街馬糞的紐約要好很多吧！這個例子說明了：能解決人類難題的始終都是科技。**借助科技的力量，我們最終能解決一切經濟問題，因此大家都應該關注科技。**所以，我當時說：「我完全同意各位的觀點，每個人都應該盡自己的一份力，實踐環保的生活，但除此之外，我們應該盡可能把更多資源投到環保相關科技的研發之中。」很多人可能不知道，中國目前是全球在太陽能研究領域投入最多資源的國家，沒有之一。當潔淨能源被大量研發出來並普及使用，才能從根本上解決我們眼前所面臨的環保問題。

面對經濟與科技瞬息萬變的局勢，要保持開放的心態，主動關注新事物的變化與發展，不斷學習最新知識，並在學習過程中深入思考和分析。唯有如此，我們才能應對變化、不斷地調整自身的發展方向和工作方式。

☆觀看次數從五千到一億，改變就從按下錄影鍵開始

我們要敞開胸懷，擁抱最好的時機。

科技具有改變世界的力量，所以我希望大家對未來保持信心，儘管經濟充斥著不確定性，但科技和經濟的發展，最終將會為我們的生活帶來轉變，為生活帶來便利之外，也讓我們享受科技和經濟發展所帶來的紅利。

如果你穿越到十九世紀末的倫敦街頭，會看到這樣一幅奇景：一輛樣式難看、尾部冒著黑煙的鐵傢伙，在街上以每小時不到四公里的速度「爬行」，輕盈靈巧的馬車不時從它旁邊擦肩而過，用優雅的馬蹄聲，嘲笑著這個怪物發出的隆隆轟鳴。當時的倫敦，甚至有專門的旗手，當火車出發時，他們便手持紅旗、駕著馬車與火車頭賽跑，每一次馬車都會超越火車，來到路口時，旗手還會回頭，確認火車仍緊跟其後，接著才繼續前進。這些旗手超過火車後，會相約去酒館喝一杯，慶祝他們「勝過」火車。

然而，後來的故事我們都知道，這些曾經因為超越火車而沾沾自喜的人，早已被歷史忘得一乾二淨。所以，對市場感到不安或對現實感到迷茫的人，請務必保持開放與樂於學習的心態，不管之前你學了多少東西、投入了多少心力，都不要因為沉沒成本，而放棄未來的可能性。

我是最早一批擁抱網際網路的老師。早在二〇一一年，我就開始在網路上製作免費的短影音教學影片。當時我在新疆，經常是架起手機就錄製影片，也不懂得注意形象，頭髮總是亂糟

糟的，當時的模樣我現在都不敢想像。慢慢地，我的影片點閱率從最初只有五千，慢慢積累到了五千萬，到後來突破一億。電視台也是因為看到我的影片，而邀請我參加節目。後來我也接連參加了《超級演說家》等節目，讓更多人透過節目認識我，最終成為具有一定知名度的英語老師。而這一切的起點，全歸功於我很早就擁抱了科技。

所以，希望正在閱讀這本書的你，要順勢而為，不抱怨、不否認、不躺平，永遠不要駕著馬車和火車頭賽跑，不要做那種明明走在錯誤道路上卻還洋洋得意的人。**要順應時代的洪流，適應瞬息萬變的世界，做一個能敞開胸懷、擁抱當下的人。**

人生無常，做好準備與規畫才能所向披靡

我有個朋友曾在網路上遭到駭客攻擊，損失了一大筆錢財。其實這件事發生之前，我們曾經一起分析過各種可能出現的情況，也預想過最糟糕的情況和應對方法。然而，當最壞的情況真的發生時，他還是備受打擊，無法承受那樣的衝擊，內心的煎熬是無法用言語形容的。

我的父親阿不利孜．賽丁在五十一歲那年，因為車禍離世了。那是某個深夜，他在馬路邊工作時，被一名年輕人騎著機車撞倒，雖然從事發到送達醫院只花了六分鐘，仍沒有把他搶救回來。這件事發生後，我不斷想著：一條平日裡幾乎沒什麼車經過的路上，在深夜裡被機車撞到的機率有多低呢？大概只有千萬分之一吧！但這一切還是發生了。

還記得在前往南極的船上，有一位美國老奶奶的故事讓我十分感動，她看起來保養得很不錯，心態也非常正向，當時船上前往南極的旅客，多半是三五好友結伴，或是成雙成對的情侶，而她始終孤身一人。因此我們都對她感到好奇。在某次聊天中得知，她和丈夫在半年前就預訂了這趟南極之旅，可世事無常，在出發的前兩週，丈夫不幸去世了。雖然她非常痛苦，但家人還是鼓勵她不要放棄這趟旅行，因為去南極是她丈夫人生中最後的心願，也是他們兩人之間最後的約定。於是，老奶奶帶著丈夫的骨灰登上開往南極的船。夕陽西下的時刻，她在全世

界最美的地方，將自己所愛之人的骨灰撒進南極的大海。船上所有人看到這樣的畫面，心中都感慨萬千。

我向我老婆說：「如果將來我比你早走一步，你也要把我的骨灰撒在這兒。」我老婆看了我一眼說：「算了，來南極太貴，直接埋土裡就好了。」這段對話當然是開玩笑，但美國老奶奶的故事教會我們「人生無常」的道理，很多規畫好的事情都可能會發生改變，而老奶奶的故事讓我對「人生無常」這四個字，有了更加深刻的體悟。

雖然我是一個完美主義者，但我奉行的一個人生信條是——Hope for the best, prepare for the worst. 意思就是，**要保持對美好結果的期待，同時也要為最壞的情況做打算。面對各種遭遇，我們都要學會如何應對。**

☆越是無常的世界，越要清晰的規畫！

人生充滿了不確定性，本來說好要攜手一生的人，可能毫無預警地就走了；你努力積攢的家當，可能因為洪水一夕之間就沒了……有的人會說「既然這樣，人生何必太辛苦，過好每一天就行了。」如果你真的這樣想的話，就會養成及時行樂的心態，就像我看到很多人都說：「活著就好，今朝有酒今朝醉。」但我認為，如果有這樣的想法，那代表你站錯隊伍了。

蘋果創辦人史蒂夫．賈伯斯（Steve Jobs）曾說過一句話：「如果你把每一天都當作生命中的最後一天，總有一天你會發現你是正確的。」我覺得這句話非常有意思。

其實，這是賈伯斯開的一個玩笑，他想表達的意思是：「如果你真的把每一天都當成人生的最後一天，那你早晚會如願以償，迎來自己人生的最後一天。」當你沒有長期規畫，或對人生抱持「一切皆無定數」的態度時，往往會做一些放縱自己的行為，例如熬夜、酗酒等，這樣的人大多抱持著「今朝有酒今朝醉」的態度。可是，很多人都忘了，「今朝有酒今朝醉」的下一句是「明日愁來明日愁」，兩句連起來的意思是：「今日得過且過、肆意放縱，並不能解決今日的煩惱，因為以醉解愁是有期限的，待酒醒之後，不僅要面對未排解完的舊愁，還得加上明日的新愁，結果只會愁更愁。」

因此，我認為，當我們面對人生各種不確定性時，不應該採取虛無主義、徹底放棄一切的態度。古人有云：「凡事豫則立，不豫則廢。」凡事做好充足準備，才不會遭遇困難，正所謂「人無遠慮，必有近憂」，**人活在世上，凡事都要看得長遠些，需要提前規畫未來之事。只有充分預想所有的困難和不利因素，才能將事情推向更順利、更美好的方向。**

☆長壽革命：你準備好適應未來的生活模式了嗎？

未來雖然充滿不確定性，但我們對未來的變化並非一無所知。

以人類壽命的發展趨勢來看，根據統計，自一八四〇年起，人類的平均壽命以每年增加三個月的速度穩定成長。換句話說，每十年，平均壽命就會延長兩到三歲。一九四五年時，人類的平均壽命只有四十五歲，如今，平均壽命早已超過七十五歲，按照這個趨勢計算，千禧年以後出生的世代，活到一百歲的機率將超過五〇%。在未來，二〇一〇或二〇二〇年後出生的孩子，也許每個都將成為百歲人瑞。《100歲的人生戰略》（*The 100-Year Life*，繁體中文版由商業周刊出版）這本書中提到：「很少有人準備好迎接『長命百歲』這份天賜大禮。它將迫使我們所有人改變人生計畫，並在每一個人生階段都準備好重新開始。」壽命增加無疑是一件好事，但前提是你保持良好的生活習慣，這樣才可以擁抱高品質的百歲人生。

讀到這裡，你是不是覺得非常開心？

剛才說人生無常，你覺得很絕望、覺得自己隨時會死去，不知道明天和意外哪一個會先到來；現在你知道有機會活得很久，又重新燃起了希望。但我認為，當身處於絕望的時候，應該懷抱一絲希望；當知道自己可以活得很久、人生充滿希望的時候，則要懷著一份恐懼。為什麼要懷著恐懼面對未來呢？因為，如果你已經知道**這輩子可能會活到百歲，甚至超過百歲，那麼就應該從現在開始，為漫長的人生做好充分的心理準備和規畫**。

過去，我們習慣將人生分成三個階段：出生到二十多歲，是學習階段；二十歲到六十歲退休，是工作階段；六十歲之後，重新回到家庭，種花、養鳥、帶孫子，等著走向人生的盡頭……這種三段式人生對我們來說並不陌生，我們的祖輩、父輩在內的大多數人，有很長一段時間都是遵循這樣的人生節奏。可是，假如我們從另一個角度來思考，「活到一百歲」意味著什麼？這意味著傳統的三段式人生模式將徹底終結，「多段式人生」將成為常態。隨著壽命的延長，每個人的人生可能會被分割成更多階段，每一個階段都有自己的目標與主題，也可能不再有明確的界限。

讓我們試著想像一下：十幾歲的時候，你可能在上學，也可能在籌備創業；二十幾歲的時候，你也許在職場打拚，也可能重新回歸校園；三十幾歲的時候，你沒有談戀愛或結婚，而是在四十幾歲的時候邂逅命中注定的愛人；六十幾歲的時候，你還沒有退休，為了在新領域重新發展，你決定回到校園進修深造……

是不是覺得有點不可思議？但在未來，這一切也許都會變得稀鬆平常，就像我們現在熟知的三段式人生一樣，合理且正常。

☆真正的幸福：有人愛、有事做、有所期待

當人類的壽命不斷延長，我們需要提早做好準備，調整自己的人生節奏，至少要開始思考：六十歲以後的你，應該怎麼活？如果壽命延長，你要如何在多出來的幾十年裡既能維持生計，同時享受生活？如果人生的盡頭是一百歲，你要選擇和什麼樣的伴侶一起攜手同行？生命變長的同時，未來的不確定性也跟著增加，你該從哪些方面努力以應對這樣的局面？

面對這些問題，和大家分享我的想法：

首先，我們需要在「及時行樂」和「長遠規畫」之間找到平衡。每個人心中對幸福的畫面

可能都不一樣，但在我看來，幸福其實就是「有人愛、有事做、有所期待」。更進一步說，幸福還可以分成兩種層次來理解：第一種，是人生有理想和目標、有追求的方向，讓自己的生命富有意義；第二種，則是生活中有小驚喜和小確幸，讓生命中的小美好無處不在。

有時候，幸福真的很簡單，簡單到早上起床，發現今天是週六不用上班，能睡個懶覺就覺得無比幸福；去超市買東西時，居然多送一份水果，就能開心一整個下午，這些都是小的幸福。但有些時候，幸福又顯得博大而深遠，當你為他人做一點好事，為人類做出巨大貢獻，那也是幸福，是屬於更高層次的幸福。

有時候，我們不能只是等待外界贈予這些小驚喜，而是需要自己主動去創造。我會在陽台種幾盆花，有茉莉、曇花、長壽花，當忙碌一天或腦袋打結的時候，給這些花澆澆水，看看鬱鬱蔥蔥的葉子，心情會一下子好很多。或是在某個沒有睡意的夜裡，看到曇花開了，就覺得心裡的花也一起開了，甚至有時會覺得，這是好事要發生的預兆吧。

我們身邊總有些人把自己搞得太累，像個苦行僧，總覺得「我只有做到怎麼樣才能夠怎麼樣」，以為這樣才能找到幸福，然而現實並非如此。也有的人說：「我就是要今朝有酒今朝醉，不去多想，享受每一天。」這樣也並不可取。

未來，我們的人生將比過去更長，所以你既不能抱著「及時行樂」的心態，渾渾噩噩地過一輩子，也不能什麼都等到萬事俱備才開始行動。**真正的幸福，應該是「大幸福」和「小幸福」的結合，而我們的人生也該是「長期規畫」和「短期安排」互相交錯，一方面努力尋找人生的意義，同時，也要時不時為自己的生活增加一些額外的驚喜。**

其次，我們需要具備更強的「抵抗力」。同樣是人，為什麼有些人總是經常生病，而有些人卻很少生病，甚至幾乎不生病？因為他們身體的免疫力與抵抗力較好；有些人三個月不上班，生活就已經揭不開鍋了，有的人卻依然過得安穩，因為他們具備較好的財務抵抗力；有些人睡得晚、起得晚，追劇、玩遊戲，有些人則能夠認真讀書，因為他們的心態抵抗力比較強；同樣遭遇不幸的事情，有些人會一蹶不振，有些人卻能樂觀面對，因為他們的情緒抵抗力比較高……

面對越來越長的生命和越來越多的不確定性，我們應該確保自己在任何人生階段，都有能力應對新的挑戰。雖然人類的未來整體上邁向光明和希望，但個體的命運卻充滿了不確定性。時代的塵埃落在每個人身上，對某些人來說，也許重得像一座山；但對另一部分人而言，因為他們具備強大的抵抗力，也可能將那些塵埃變成墊腳的磚。俗話說：「打鐵還需自身硬」，唯有我們身心足夠強大，才能抵禦各種未知的風險和挑戰。

最後，我們應該找到對自己重要的人，並與這個世界建立連結。隨著人類平均壽命不斷延長，人生的不確定性也隨之增加，這種變化可能會讓你覺得人生這條路既辛苦又漫長，那麼，不妨給自己找個伴吧，因為結伴同行能走得更遠。然而，找個伴看似簡單，實則困難重重，你得想好到底要和誰共度餘生。

熱門綜藝節目《乘風破浪的姐姐》裡的寧靜老師，曾對婚姻做過一段非常經典的描述。她的兒子曾問她：「結婚是什麼感覺？」她便拿了兒子的 iPod，把裡面存的歌都刪掉，只留下一首，並設置成單曲循環播放，一直播到沒電……她說：「這就是結婚的感覺。」這段描述很具象，也很精闢。現在選擇單身的人越來越多，仔細想想，也確實可以理解。如果按照三十歲結婚來計算的話，從結婚起，跟伴侶生活的時間可能長達四十至五十年，而隨著壽命的延長，這段時間可能會變成七十年、甚至更久。當我們將婚姻這樣量化以後，不免讓人感到壓力，真的是太漫長了。因此，對我們每個人而言，不只是職業生涯要規畫，感情生活也要慎重地考慮。

其實，我所說的「對自己重要的人」不僅限於愛人，也可以是親人、朋友、知己，甚至是那些和你有相同愛好的人。這些人，會讓我們的生命變得更加遼闊且充實。

如果我們無法與這個世界建立有效的連結，那麼，多出來的歲月就會變成時間的荒野，在不確定的未來和人生中，漸漸走向虛無。

☆「孤單」也可以是一個人的狂歡

所謂「與世界建立有效連結」，不一定是和那些經常與你見面的人建立連結，而應該是和那些與你有共鳴、彼此能互動的人建立連結。

英文中有兩個單字Alone和Lonely，中文都可翻譯為「孤獨」，但在英文的語境中，這兩個詞的含義其實是有差別的，Alone指的是一個人獨處的狀態，而Lonely指的是心理層面的孤獨感。我們來看一個句子，就能更理解這兩個詞的差別了：

You are sometimes alone, but you are not lonely, and sometimes you are lonely, but you’re not alone.

這句話的意思是：「孤單也許是一個人的狂歡，有時候你雖然看似是一個人，但其實你並不孤獨，因為你的內心與這個世界有所連結。」

當你在社群上參與討論，便透過網路與其他人建立了連結；當去閱讀一本書，或者讀一首古詩詞，你也會透過情感的共鳴與作者建立連結。當我們提到喜歡「二次元」的人時，總會先入為主地認為，他們天天宅在家，非常孤單。事實上，他們在網路的世界裡，有專屬的虛擬身分、有屬於自己的社群、有許多擁有相同喜好的朋友，經常一起討論二次元、動漫、遊戲等話題，他們的身分被這個世界認可，也用自己的方式與這個世界產生連結，所以他們並不孤單。

但反過來思考，一群人看似在狂歡，也可能只是一群孤單的人聚在一起。

有些時候，一群人雖然聚在一塊，但他們每個人的靈魂都很孤獨。有些人恨不得天天與朋友黏在一起，這其實是一種表面的社交，因為他們的內心與這個世界缺乏真正的連結，只是害怕被孤立、害怕一個人待著、害怕跟自己獨處……例如穿梭在辦公大樓的上班族，他們每天都在社交，看似與這個世界保持緊密的連結，但與其他人的聯繫都只限於工作。而工作之外，他們難以找到能夠敞開心扉的地方，他們缺乏能與自己產生共鳴的對象或事物，因此他們並沒有與世界建立真正的連結。

人生很漫長，我們可以用雙腳去丈量這個世界，盡自己所能去到更開闊、更遙遠的土地，去看看不一樣的風景、接觸不同的歷史與文化、感受異國的語言和民族風情。當你閱盡山河，看遍這個星球的瑰麗風景，才能將自己放在更寬廣的天地之中，追尋更遠大的人生目標；人生很漫長，我們也可以在閱讀中找到更深邃的世界，不斷突破自己的認知局限，對人生進行更深層次的思考與實踐，在紛繁複雜的世界裡，不斷認識、提升、建立自己內心的精神世界；**人生很漫長，我們可以認識更多的人，透過他們的視角去看見更廣闊的世界，透過他們去傾聽世界的聲音、與世界產生互動，並在互動的過程中將彼此的生命照亮，累積面對「人生無常」所需要的能量。**

未來變幻莫測，人世充滿不確定性，面對這一切，我們要不斷地修練自我、積極生活，保持開放的心態與世界建立連結，隨時做好應對未來各種挑戰的準備，如此便能所向披靡、無所畏懼。最終，我們都可以帶著溫暖的微笑，去擁抱所有的不確定，並對這個世界說聲：

「Hey，你好。」

人生沒有通用法則，長期主義才是關鍵！

讀到這裡，聰明的你一定會有個洞察——我提出了一大堆問題，比如：「這個世界充滿不確定，我們應該怎麼辦？」、「經濟環境變數叢生，我們該如何應對？」、「人生如此無常，未來又那麼漫長，我們該如何走下去？」好像一切又回到了本書的開頭，就像那道上海的高考作文題：「既然很多變化都是我們無法掌控的，那到底該怎麼辦？」

似乎到目前為止，我都還沒給出具體的答案。可是……面對這樣的問題，到底誰會有明確的答案呢？我相信再睿智的人，都無法給出十分篤定的答案。即使是大哲學家蘇格拉底，也只能說出那句經典名言：「我唯一知道的，就是我什麼都不知道。」

但我們可以從別人身上或別的事情上，尋找可能的答案，這也是我最擅長做的事情——在本書裡，我想和大家一起了解、探討、學習那些能在每一次市場動盪中都獲益，在每一次的劇變中仍能不斷成長的人，他們一定做對了什麼。我們可以從這些人身上得到值得借鏡的啟示，我透過長期的觀察發現，他們的成功雖然各有不同的特點和方式，但有件事他們所有人都堅持做著，那就是：**奉行長期主義**。

☆可口可樂：長期主義的典範

在介紹長期主義之前，我想先分享一則故事：一八八五年，美國亞特蘭大的一間實驗室裡，一位從軍隊退伍的藥劑師發明了用來治療頭痛的糖漿。隔年，這種糖漿在當地的藥局首次作為藥物售賣，售價為五美分，第一年只賣了四百多瓶。兩年後，一位年輕人發現這種糖漿如果作為飲料來販售，可能會有發展潛力。於是他買下糖漿的生產銷售權，並在一八九二年成立專門生產與銷售這種飲料的公司。這款飲料就是如今遍布全球，深受一代又一代年輕人喜愛的「肥宅快樂水」——可口可樂。

可口可樂的發展策略一直被當作長期主義的典範，因為在不確定性成為常態時，企業若想要利潤的穩定的成長，勢必會遭遇極大的挑戰，而可口可樂卻能在變動的市場裡持續成長，成功打造出歷久不衰的品牌。專業人士分析，可口可樂有三件事做得特別出色：第一，它能夠正確地辨識市場的複雜和不確定，因為可口可樂本身就是不確定性下的產物。第二，可口可樂不斷擁抱改變，從藥用糖漿到添加蘇打水變成碳酸飲料，從甜蜜的代言人到開發出符合健康趨勢的無糖系列產品，可口可樂一直利用不斷調整與創新，以應對市場的瞬息萬變。第三，可口可樂運用巧妙的行銷策略讓自己的品牌形象深植人心。

如果提到聖誕老人，大家會想到一個穿紅衣戴紅帽的和藹老爺爺。然而，這其實不是聖誕老人原始的形象，而是可口可樂在一九三一年聖誕節促銷活動期間的傑作。當年，可口可樂公司找了位畫家設計聖誕老人形象，並堅持聖誕老人所穿的皮毛大衣必須是鮮明的紅色，因為那是可口可樂的包裝顏色。

☆保持開放的心態，堅持做好每一件小事

我們剛剛看到可口可樂這家公司，面對世界的不確定性時，所採取的做法，那麼對於個人而言，我認為也有三點應該努力做到：

第一點，保持開放的心態，不斷地去改變、調整、應對。

我們身邊每天都有層出不窮的新事物，也有不斷升級的新知識。如果我們無法保持開放的心態，總是盲目拒絕新事物或者拒絕改變，那麼最終的結果，只能是你連這個世界說什麼都聽不懂，更別說參與其中。

長期主義，不能簡單地理解成「堅持」，錯誤的事情你堅持越久，反而會越受挫；長期主義，也不是閉門造車，更不是單純地「不放棄」，很多時候，那些牛人是先放棄自己之前的錯誤路線，因此在新的跑道上才有了更好的機會；長期主義，也不是堅守初衷，有些時候，你一開始設定的目標並不完全正確，與其死守初衷，你更應該及時的做調整、改變自己的方向。

我們常說「不忘初心」，我覺得這個「初心」，與其說是最初的目的，不如說是一種「初學者的心態」，就像嬰兒對世界充滿好奇，是對未知領域的求知欲，在學習的過程中隨時都能

發現改變、努力改變和適應改變。

第二點，我們應該始終把自己的前途命運融入時代的脈搏，這才是真正的長期主義。長期主義不是做出當下正確的選擇，而是應該將時間線拉長，跨過時間週期去看待現在，從未來發展的角度，回頭審視和評價你的決策，做出對未來更有利的選擇。

所謂長期主義，並不是一種價值觀，而是方法論，只有在對未來做出正確判斷之後，堅定地努力下去，才能有所收穫。「長期」除了是時間的長短，關鍵是要學會在時間長線上，觀察並發現事物發展的波動和走向。**要成為一名長期主義者，並不是忍受枯燥去堅持做一件大事，而是在面對各種不確定因素時，都能做好萬全的準備，並做好每一件小事。**

第三點，我們應該打造自己的品牌，留下專屬自己、獨一無二的個人印記。

在不確定的世界與多變的市場裡，從來不缺產品，缺的是品牌。對個人來說，我們可能無法像可口可樂那樣，為世界憑空創造出聖誕老人的形象，但在未來，我們每個人都應該將自己看作是一個品牌，創造個人獨特的ＩＰ形象，建立能被別人辨認、屬於自己的標籤組合，這一切將構成你自己的品牌。不管外界發生什麼變化，品牌形象都不會輕易被撼動，因為品牌承載著多元的資訊和內涵。

當你把自己打造成一個品牌，你便不再是芸芸眾生中某個普通的存在，而是一個有代表性的符號和印記。你的名字，將成為具有價值和無限可能的代名詞。大家一提到你，就會想到這個人特點如何、哪方面能力特別強、做事風格如何等等。建立品牌形象將對你個人的職業生涯發展產生至關重要的影響。

正如有人所說：「一個人三十五歲以後，就不應該靠履歷找工作了。」因為三十五歲以後的你，應該已經在自己擅長的領域中，打造出專屬的品牌，已經能彰顯出獨特的個人魅力，並散發巨大的光芒了。

☆熱愛自己工作的人，都有三個共同點

如果我們可以做到以上三點，毋庸置疑，就已經可以在不確定的世界中牢牢掌握主動權了。但這還不夠，彷彿有某種涉及靈魂的東西被我們忽視了，那就是「熱情」。我一直在思考關於熱情的問題，究竟要「Do what you love?」，還是「Love what you do?」。到底應該做所愛之事？還是愛你所做？人們對某件事的熱情，是否真實存在？

直到最近，我讀了《深度職場力》（*So Good They Can't Ignore You*，繁體中文版由天下文化出版）這本書，作者在書中透過大量的統計數據和研究，發現長久以來，我們都被一種理論誤導了：「每個人天生都會對某件事具有強烈的熱情，你唯一需要做的就是找到那件事，並一輩子追隨熱情。」這個理論聽起來似乎非常正確，近乎完美。然而，越完美的事物，往往藏著更深的矛盾和不切實際的幻想。

所謂「熱情理論」，過去也被當作長期主義，我們可以仔細想一想，真的有與生俱來的熱情嗎？為了尋找這個問題的答案，讓我們先回到現實層面思考。

不知道大家是否注意到，很多年輕人對許多事物感興趣，興趣非常廣泛但缺乏持久性，今天喜歡這個，明天又喜歡那個。更常見的情況是：剛開始感覺對某件事充滿熱情，結果投入兩三天後，覺得好累，便馬上失去熱情。就像高考後選定了某個自認喜歡的大學科系，但真正入學後發現與自己的想像落差很大，立刻就失去了熱情和動力。

又好比工作方面，好不容易進入了夢寐以求的行業，實際工作後卻發現自己根本不喜歡。這些情況不禁讓人懷疑，「Preexisting Passion（事先存在的熱情）」是否真的存在？人們總認為「熱情」是需要被發現的，就好像它是某種被深埋在地下的寶物，如果不努力去挖掘，它就難以見到天日一樣。所以才會有「熱情理論」。我反而覺得，與其去「發現」熱情，不如主動培養「熱情」，我觀察到那些喜愛自己工作的人，都有以下三個共同特點：

第一，對自己的工作有比較高的自主性，對工作的掌控力也特別強。他們可以選擇什麼時候工作、與誰合作，也不需要固定進辦公室、也不用打卡。他們之所以熱愛自己的工作，是因為他可以決定自己該做什麼、不做什麼和以什麼方式去做。

第二，他們能在工作中找到存在感。他們相信自己做的事情是有價值、有意義的。

第三，他們的工作帶來實質性的豐厚回報。

但這三個特點並非與生俱來，而是需要經過長時間的耕耘、透過不斷累積職場資本來換取的成果。很多人在工作了一段時間後就選擇放棄，理由是「這不是我熱愛的工作」。舉例來說，很多人很羨慕自媒體創作者，覺得他們的工作自由度很高、豐厚的回報與成就感，但他們卻沒有考慮到，這種工作初期可能完全沒有收入，需要有足夠強大的耐力，忍受寂寞和承受無人問津的現實，當堅持許久、積攢足夠的職場資本後，才有可能找到熱情的出口，同時也獲得穩定的收入。這一切都在說明，「Preexisting Passion（事先存在的熱情）」可能根本就不存在。

以我自身為例，小時候我從未想過要當一名老師，也因為我那時候比較調皮，總是被老師罵，甚至有點討厭老師這個職業。沒想到成為老師以後，發現自己還滿喜歡這份工作。因為老師這個職業對我來說，正好符合剛才提到的三個特點，也因為我天生比較喜歡表達與分享，於是成就了現在的我。

後來我開始思考，既然我具備這些特點，難道不能當個主持人嗎？於是我開始做一些主持的工作；難道我不能去參加辯論嗎？於是我上了辯論節目；難道我不能當作家嗎？於是我堅持寫作，分享我的學習歷程和生命感悟。

所以，不一定有「事先存在的熱情」，**真正讓人愛上工作的原因，往往是由「自主力＋意義＋回饋」所組成的。長期主義告訴我們，做任何事情不僅需要熱情，更要始終保持開放的態度。**

換句話說，千萬不要憑感覺去喜歡一個工作或行業，否則你可能前期充滿熱情、全力以赴，最後卻發現這個行業正逐漸被時代淘汰，導致你先前付出的努力都無法獲得相應的回報，對工作的熱情自然也隨之消散。

要理性地評估某個職業的前景與特點，再結合自身的優勢從事這份工作，進而在自主的工作中找到它的意義，並藉由豐厚的回報持續激發熱情。

☆長期主義：讓微小的平凡變成奇蹟

這麼多年來，我在職場見過很多才華洋溢的人，卻因為缺乏清晰的認知，選擇了不合適的行業，最終埋沒自己的才華，真的很可惜。

例如，有些在優質公立學校任教的老師，向我抱怨收入不夠高，我建議他們可以嘗試在線上開課，或者跳脫公立學校體系，到薪資更高的教育機構任教。但他們既不願意付出額外的精力，又捨不得放棄眼前的穩定工作。

所以我想說的是，如果你對目前的生活感到滿足，也沒有很大的欲望或野心，那就不要抱怨，也不要羨慕別人。但我相信，願意翻開這本書的你，肯定不是這樣的人。

我希望大家千萬不要成為那種不斷在抱怨，卻又害怕改變的人，不要成為自己虛假熱情的奴隸。在求職或轉換跑道時，我們需要好好分析自己的選擇到底是否符合未來的趨勢。但這不代表所有傳統行業都應該被淘汰。舉例來說，相聲這個職業雖然歷史悠久，但它符合未來的趨勢。因為人工智慧能力再強，也寫不出深植人心的笑話，要想獲得情感的共鳴，只能由人類來創造。

長期主義告訴我們，不該盲目地相信自己的熱情，熱情固然是做好一件事的必要因素，但不是決定因素。有熱情沒有錯，但應該進一步思考，你的熱情是否能符合趨勢？

經過多年的職場生涯，我發現熱情其實並不存在於特定的職業裡。熱情是一種生活方式，或是一種工作狀態，而這種狀態在不同工作中會有不同的能量。例如，我在授課或辯論時的狀態非常好、充滿熱情；但寫作的時候，思緒很快，打字的速度卻趕不上思緒，熱情因此難以保持。

所以，熱情是個大圈，技能是個小圈，只有將兩者交集，才能真正發揮我們身上的最大能量。

面對世界的不確定性，長期主義不是盲目的堅持，更不是故步自封。而是保持開放的心態，選擇從未來角度來看屬於正確的事情，不輕易被眼前的回報和短暫的滿足所迷惑。只要目標正確，就應該長期並堅持做好每一個細節、每一件小事。哪怕有天需要更換跑道，也能讓自己的能力在新跑道發揮更大的價值，而不是將過去全盤否定。讓自己從一個機會牽引另一個機會，從一次成功走向另一次成功。如果人生真有一套演算法，那麼「世界的不確定」就是最大的變數；如果一個人的成就真有某條公式的話，那就是：世界的不確定×核心價值×（長期主義）^{n}。

長期主義，是實現人生價值最大化的關鍵變數。**人類累積至今的偉大成就，正是長期主義的複利效應下，讓微小的平凡累積成不可思議的奇蹟。用長期主義去擁抱這個充滿不確定性的世界，必將滿載而歸。**

第 2 章

找準目標，讓你的人生之路永不偏航

就算表現得不夠完美、即使有人不喜歡，
你也得去做、也得行動、也得開始。

越迷茫的時候，越該起身探索世界

如果有人對你說：「你知道嗎？我最近很迷茫。」你的第一直覺會是什麼？如果沒有當面聽到他這麼說，只是透過訊息或社群軟體得知，你大概會認為他過得很痛苦。因為在很多人的印象裡，迷茫就等同於痛苦。

在過去的旅行中，我最常遇見的一類人，就是那些失去自我的人。他們感到非常迷茫，而透過旅行或許能夠重新認識自己、找到某種答案，因此他們決定踏上旅途。我想，他們所謂的「迷茫」，是不知道自己是誰；他們口中的「迷茫」，就像是失去了人生方向。無論是在非洲大草原上見到的英國年輕人，或是在阿根廷布宜諾斯艾利斯（Buenos Aires）結識的日本大叔，他們都表達了同一種感受：「我很迷茫。」但是，他們並不痛苦，因為迷茫並不等同於痛苦。事實上，我旅行時相遇、並坦言自己迷茫的人，他們其實都過得挺開心的。

我認為，迷茫並不是壞事，因為它像是一種對未知世界懵懵懂懂的好奇心，我們不應該把好奇心看作是壞事。

那麼，一個人為什麼會迷茫呢？對許多人來說，迷茫可能是因為不知道「我是誰」。但是，我很想問：知道「我是誰」真的有那麼重要嗎？

☆活出你最真實的模樣

「我是誰」這個問題，似乎很多人都渴望找到一個明確且肯定的答案，想替自己下個定義。彷彿只要確定「我是誰」，一輩子就不用再改變；而一旦被迫改變，便會感到極度不安。

但我認為，改變並不可怕，經常有朋友和我分享說，兒時的朋友認為他「變了」，他因此感到難過，換作是我的話，我反而會覺得開心。人本來就該不斷地改變，如果十年前和十年後的你一模一樣，那是多麼枯燥乏味的生活。

事實上，即使只是回顧一年前的自己，若發現和現在毫無差別，或者你完全不覺得一年前的自己很傻的話，那說明現在的你還是很傻，因為這代表你沒有任何成長和改變。人生從來都不是一成不變的固態，它是不斷流動、逐漸轉化為液態的過程。我們沒必要為自己下一個終身不變的定義——例如「我是誰」。

就像這個不確定的世界一樣，我們每個人也應該在變化之中尋找自己的可能性，不必輕易地為自己下定義。如果你真的能清楚回答「我是誰」這個問題，那你大概已經是古往今來最了不起的哲學家了。因為從古至今，幾乎所有的哲學家都在探討這個問題，即使過了幾千年，也沒有得出一個明確的答案，所以你何必為此感到焦慮？為什麼非得在二十、三十歲的時候就急著定義自己呢？

「我是誰？」從來都不是靠想出來的，而是活出來的，需要你在成長的路上不斷跋涉、經歷艱難與險阻、承受挫折和磨礪，唯有在歡笑與淚水中，才能逐漸領悟到你是誰、找到真正想要的東西、體現存在的價值。

☆與其在原地苦惱，你更該起身行動

我聽過一個故事。有位高中剛畢業的男生寫信給作家楊絳先生，信中除了抒發他對先生才華的仰慕之情，也表達了對自己人生的困惑。楊絳先生收到信後，親自回信給這位年輕人。信中，除了必要的關懷和寒暄之外，對於他人生的困惑，先生用八個字，一針見血地指出年輕人問題的本質：「想法太多，讀書太少。」

我們許多人在人生路上，也都經歷過類似的困惑。而楊絳先生的這八個字所指出的，大概也是現代人常見的通病：「想得太多，實際行動太少。」如果只是一味地空想，而不付諸行動，困惑將永遠存在，永遠無法得到答案。如果想要擺脫迷茫，那就開始去尋找吧。

尋找的最佳方式，就是不斷擴大自己的視野和邊界，去見更多不同的人、閱讀更多的書、踏上更多未曾走過的路。正如古人所說：「吾嘗終日而思矣，不如須臾之所學也；吾嘗跂而望矣，不如登高之博見也。」白話翻譯就是：「讀萬卷書不如行萬里路，行萬里路不如閱人無數，閱人無數不如高人指路。」

作為獨立的個體，我們注定會受到閱歷不足的限制，在尚未見多識廣的階段裡，即使想的再多、再久、再多遍，也難免會有局限和遺漏。如果能有一位閱歷豐富的高人，以他的人生經驗為我們提點方向，對我們的人生軌跡將會產生重要的影響。其實，書籍就好比閱歷豐富的高人。透過閱讀，我們得以從世界的壯闊中看見自身的渺小，也能在思考中獲得強大的個人能量。而旅行與閱讀一樣，都是靈魂與世界對話的方式，幫助我們建構出獨特的精神世界，如同踩在巨人的肩膀上眺望整個宇宙。閱讀時，一定要記得，**出發的目的是尋找、並充實真實的自己。**

「真實的自己」，會在閱讀或旅行的過程中，不斷地升級、進化與豐富，從而變得更加立體與完整。相反地，若只是一直窩在某個窄小空間裡，不斷思考「我是誰」，並為這個問題不停地感到焦慮或抑鬱的話，我們的邊界只會越來越小、不斷退化。

本來可以活成鑽石、活成立方體，但只活成了一個平面，甚至最終變成了一個小點。而這個點，就成了你給人的印象與標籤。如果我們的人生，就這樣被自己早早地定義、被自己貼上各種標籤，那無疑是在為自己設下各種限制與邊界。我們應該做的，是把小小的點聚合成一個面，再聚合成一個立體，然後在這個不確定的世界裡，持續變化、延展，最後，活出屬於自己的形狀。

當然，人不能總是變來變去，例如，我今天是英語老師，明天變成理髮師，後天又成了水電工，大後天改當程式設計師……這樣頻繁地改變恐怕什麼都做不好。那麼，有沒有不變的東西呢？我的答案是：有。這個不變的東西，就是「我為誰而活」，或者說我希望這個世界變成什麼樣子。雖然世界不斷在變化，但我希望自己能始終與世界保持聯繫，並持續為這個世界做一些有意義的事。沒有人是一座孤島，若想在這個世界存活，就要學會與他人建立聯繫，並想辦法為他人提供服務。

那麼問題來了：到底要為誰提供服務？又該如何提供？答案只有四個字：因人而異。

曾經有人做過一個有趣的分類，幫助我們思考「自己到底適合做什麼」。這個分類依據的核心問題是：你覺得人能不能被改變？如果你堅定地相信「江山易改，本性難移」，人是無法改變的，他們需要被管理，那你應該適合從政；如果你認為人是可以改變的，但你不喜歡與人打交道，那可以去學建築；如果你覺得人是無法被改變的，但是他們仍需要被安慰，那可以考慮去做心理諮商師；如果你相信人是可以被改變的，那歡迎加入教師的行列。

我見過不少人，明明內心不相信人是可以改變的，卻選擇當老師，結果工作起來非常痛苦，因為這份工作不符合他的價值觀，教師這個職業對他來說只是一份差事而已。

所以，我們可以透過這個核心問題作為切入點，藉此判斷自己到底適合什麼樣的工作，當然這只是小小的建議、一個小的切入點，並非萬能的公式。

除此之外，我們也可以借助其他的工具、一些可以量化的測試指標，比如ＭＢＴＩ（Myers- Briggs Type Indicator，邁爾斯—布里格斯性格分類指標）、職業性格測試和蓋洛普優勢測驗（Gallup StrengthsFinder）。這些輔助工具都能幫助我們更認識自己，進而找到合適的定位，並與這個世界進行更深、更穩固的聯繫。

☆別再追求無所不會，找出你的「高光時刻」

如何知道自己適合做什麼？推薦大家一個方法，叫作「高光時刻」，這其實是心理學中的一種訓練方法。

心理學有許多流派和治療方法，大多是協助人們分析問題。比如你現在狀態不好，是某種心理問題所導致的，而心理醫生會反覆引導你回憶過去，分析童年陰影、情感創傷等等。於是，你痛苦地回憶小時候為何缺乏安全感，爸媽的教育方式可能過於武斷、國中導師和前任對象都沒看見你的優點，經過一番分析以後，得出的結論可能是：你現在狀態不好，是因為原生家庭沒有給你足夠的支持與陪伴，所以才會缺乏自信，導致諸事不順、過得碌碌無為。然而，把原因找出來有什麼幫助呢？知道自己「為什麼不行」之後，我們能回到過去，讓一切重新開始嗎？

當然不能。但我們可以選擇未來想要過什麼樣的生活，每個人都可以選擇自己的未來，關鍵就在改變看待世界的方式，心理學把這個過程叫作「認知重組」（Cognitive reframing）。我們要做的，就是把「我為什麼不行」的想法，轉換為「我為什麼能行」。

同樣是回顧過去，我們可以不再聚焦於童年陰影或情感創傷，而是審視過去人生中的「高光時刻」，回想自己做過最開心、最驕傲的事情，回憶那些令你振奮、自豪、幸福、喜悅、震撼的精采時刻。比如在某場比賽裡奪得佳績，是在田徑運動會還是演講比賽？或在某次的社團活動中，感覺自己閃閃發光？或做哪些事情的時候，可以進入完全的心流狀態？這樣的回顧過程，你也許會意識到，有些小事，即使不會有立即或明顯的回報，但你完全不在意，因為那些小事能帶給你純粹的開心。那時候的你，就是最接近「理想中的自己」的時刻。

我其實也做過很多嘗試。大學主修資訊工程，所以做過程式設計師；畢業後也做過業務；還去一些汽車企業面試過……這些嘗試，是想體驗不同的人生。但在這些體驗中，真正帶給我最高光、最深刻體驗的，是老師這個職業，是演講者這個角色，當我向別人表達想法或觀點時，會湧出發自內心的幸福感。

或許會有人說：「這有什麼呀？不就是沒完沒了的不停說話嗎？」確實，如果硬要這麼說也無妨，但就是有這樣一個人，每天早上六點半起床，在直播平台上免費教英文一個小時，不求任何回報，純粹享受這個過程，並完全進入心流的狀態，這個人就是我。如果你也曾經找到那麼一件能被你視為「享受」的事，我相信那一定是你生命中，充滿自我效能感和使命感的最佳狀態。

每個人，本就生而不同，每個人都擁有與生俱來的天賦，無須為了所謂的「全能發展」，去勉強做不擅長的事情。舉例來說，讓賈伯斯去學習麥可・喬丹（Michael Jordan）打籃球，這有意義嗎？很多時候，「全能發展」反而導致「全面平庸」，我們沒必要在自己不擅長、不適合的事情上，浪費太多的時間和精力，反而應該找到自己最擅長、最有優勢的事，努力把它發揮到極致，並超越人生極限，不斷地體驗專屬於你的「高光時刻」。

☆掌握「思維轉換」，告別成為小螺絲釘的命運

之前有一則社會新聞讓我印象深刻：自二〇一八年起，河北唐山陸續取消多個高速公路收費站，僅保留以ETC為主的部分收費站，人工收費僅為輔助。對開車族而言，這是一件天大的好消息，不僅省去許多麻煩，也大大節省了時間，但對於長年擔任高速公路收費員的人來說，生活在一夕之間發生了巨大的改變。

一位四十五歲的收費員大姐說出了心聲：「我除了收費，什麼都不會。」也許這位大姐自從進入收費站工作的那天起，就認為自己找到了可以做到退休的鐵飯碗，從沒想過有天會被迫下崗，更沒想過，自己的工作竟會被機器取代，一切都變得太快了。

又好比說，會計曾經是許多人報考的熱門科系。但如今，清華大學取消了會計系的招生，原因是單一且重複性高的記帳工作將被人工智慧所取代。會計這門專業，已不僅僅是夕陽產業，而是黑夜降臨。

當今的社會分工中，我們每個人就像是一顆螺絲釘，但在未來，許多「螺絲釘」類型的行業可能會被人工智慧取代。這意味著，如果你仍將職涯目標局限在「當一顆螺絲釘」的話，發展的空間只會日益狹窄，而你也只會感到越來越迷茫與無力。那些只盯著自己一畝三分地的人，注定無法看清楚大局，也面臨著被時代淘汰的命運。

若不想只是做一顆螺絲釘的話，就需要盡可能拓寬自己的人生視野，而最好的方法，就是從「思維轉換」開始。

學會將過去作為「只是一顆螺絲釘」的工具思維，轉化為能解決問題的整體思維。你也許會說：「我只是職場裡的上班族，本來就是一顆螺絲釘。」但即使如此，你也要避免做最底層、最容易被取代的螺絲釘。

作為一名普通員工，我們也需要站在老闆的角度去思考，不僅僅是關注所屬部門的工作內容，還要試著了解每個部門、甚至整間公司的運作模式。唯有如此，才能建立解決問題的思維框架，並在工作中更有效地發現問題，甚至是站在部門主管或更高層的視角，提出具有前瞻性的建議和解決問題的方法。

我剛開始當老師的第一年，每天中午都會請不同部門的同事吃飯。並不是因為我熱中於社交，而是因為我想了解整間公司的運作。我覺得身為一名老師，我的職責並不僅止於教學，應該進一步認識客服、後勤、財務、人力資源等職位的工作內容與挑戰。因為我知道，要培養解決問題的整體思維，必須具備足夠的資訊。如果連整體都沒接觸過，又談何從整體角度去思考；如果連整體都不了解，又如何發現問題、解決問題呢？

因此，我們應該想方設法獲取整體資訊，當資訊掌握得足夠多，自然就能培養出能夠解決問題的整體思維。當你開始不斷擴大「我是誰」的概念，嘗試從更宏觀的角度、更高的位置、更廣闊的格局去重新思考「我是誰」的問題，並不斷探索、更新、完善自我，我們就更有可能找到更成熟、更好的自己，也給人生一個令人滿意的答案。

心中的方向和導航方法，一個都不能少

以前聽過一則故事：在沙漠深處，有一片美麗的綠洲，當地的居民千百年來都生活在那，從未離開這片沙漠。他們曾嘗試無數次，但始終走不出去。後來村裡來了一位探險家，跟綠洲裡的居民說，自己只用三天就抵達綠洲了。居民聽了之後很興奮，帶著乾糧和水再次上路，結果在沙漠中走了十五天也沒有找到出口，最終又回到了起點。探險家觀察後發現了問題所在，原來，他們走不出去，是因為他們一走進沙漠就失去了方向，一直在原地打轉。於是，探險家對居民們說：「你們每天晚上朝著北斗星的方向前進，千萬不要偏離那七顆星星。」結果三天以後，這群祖祖輩輩都生活在荒漠綠洲中的人，終於走了出去。

走不出去的是苟且，走出去的，才是遠方。

☆除了找好座標，導航方法也很關鍵

既然已經決定要出發，第一步就得先找到遠方的座標。這時候，我們需要一個合適的導航

方法，不斷校準前進的方向，如此才能在黑夜中穿越沙漠，準確地到達遠方的目的地。

在這裡，我免不了又要提到那句老話：「讀萬卷書，行萬里路。」如果你書讀得夠多，你也許就會發現一件很神奇的事——古往今來，所有能成就一番事業的人，幾乎都有一位導師，這位導師就像通往成功航程上的燈塔，照亮前方的路，讓他能循著光的方向，順利抵達彼岸，既不會觸礁，也不會擱淺，更不會迷失方向。

就連股神巴菲特（Warren Buffett）這麼厲害的人物，背後也有一位高人。根據巴菲特兒子的說法，他認為父親只是這個世界上第二聰明的人，查理・蒙格（Charles Munger）才是最有智慧的股神。

查理・蒙格作為巴菲特的搭檔，巴菲特曾這樣形容他：「查理拓寬了我的視野，讓我以非比尋常的速度，從猩猩進化到人類，沒有查理我的財富會比現在少很多。」如果說，巴菲特在投資方面更具專注力，那麼查理・蒙格則是站在背後、眼界更寬廣的高人，他不只在投資領域有深厚造詣，還涉獵並融會貫通了多門學科，甚至對中國文化也頗有研究，他最推崇的正是孔子。如果說查理・蒙格這位現代高人，跟孔子這位萬世師表有什麼共同之處的話，我認為有兩點：其一，他們都推崇終身學習的精神，並且身體力行；其二，他們都有誨人不倦的精神，非常樂於把自己的人生閱歷、經驗和學習方法傳授給別人。

有人說，人類所有的進步與發展，都是在前人累積的知識基礎上反覆運算的結果。所以，我們更應該去學習那些「高人」的思想與智慧，尋找一位屬於自己的精神導師，學習高人，效仿偶像，唯有如此，才能更準確地把握前進的方向。因為我是一名老師，所以效仿和學習的高人就是偉大的至聖先師——孔子。作為一代聖人，孔子周遊列國，秉持有教無類的精神，帶著弟子們四處奔走，不僅致力於為世人解答疑惑，也不斷進行自我反省。

可能有人會想吐槽：「你這個目標厲害啊，孔子！聖人！你怎麼不上天呢？」我的想法是這樣的：「既然是我的目標與航向，是我想要衝向的遠方，這個目標一開始當然就要定高一點。因為如果目標設得太低，萬一輕易實現了怎麼辦？」

這個想法當然帶點玩笑的意味。愛爾蘭著名劇作家奧斯卡・王爾德（Oscar Wilde）曾經說過，人生有兩大悲劇：一個是得不到想要的東西，另一個是得到了想要的東西。

因此我認為，人的目標就應該定得很高遠、很完美。因為所有長期主義者的目標，往往都是不容易實現的；一旦實現了，就會失去努力的方向。比如說，每個企業都會設立自己的使命和目標，阿里巴巴的使命是：「讓天下沒有難做的生意。」

大家不妨想一想，天下怎麼可能沒有難做的生意呢？但正因為這個目標高遠、看似遙不可及，反而成為值得用一生去追尋的方向與事業。當初阿里巴巴內部討論是否要繼續推動「阿里雲」這個項目時，也曾經出現重大的分歧，最後拍板決定執行下去的原因，是因為只有讓中小企業也能實現雲辦公時，才能實現那個更高遠的目標——讓天下沒有難做的生意。

有了長遠而清晰的目標，即便在面臨重要決策時，依然能以長遠目標為指引，幫助自己做決策，而不會被短期目標所動搖。**唯有目標長遠，才不會被眼前的困難絆倒，更不會被短期的利益蒙蔽雙眼，唯有立志高遠、持之以恆，才能取得真正巨大的成功。**

☆如何辨別真假高人？

在古代，一個人若想得到高人指點，可能要歷盡千辛萬苦，走遍千山萬水，才有機會拜見賢人。然而在資訊發達的現代，網路和書籍大大縮短了我們與高人的距離，不論是在時間上，還是空間上，我們都有更多機會和各領域的頂尖人物交流，獲得寶貴的建議與指導。那麼，在這個網路上充斥著「九十九元大師課」的時代，究竟什麼樣的人才是真正的高人呢？

首先，從時間的維度來看，一位真正的高人，必須禁得起時間的考驗。真正的大師與高人，往往經歷了時間的淬鍊後，依然能在巨變來臨之時，為社會、企業乃至個人指引正確的方向。

真正的偉大，不僅是在其短暫的一生中，有過某段輝煌的時刻，更應該能夠在歷史的長河和時代演進的過程中，持續受人推崇並綻放光芒。

一個人是否真有本事，也需要看他是不是在不同時期都能夠獲得成功，如果只是因為某個機緣一炮而紅，很快就銷聲匿跡，多半說明他的才華有限，僅能曇花一現；若一個人能長期在某個領域持續創造價值、不斷有所成就，那麼一定有其過人之處。

其次，真正的高人並不會以「指點別人」作為賺錢的手段。在這裡我能直言不諱，也不怕得罪人，我可以向大家保證，那種見面就要收你幾十萬學費的人，肯定是「忽悠大師」，千萬要小心。還有一種人，總是強調圈子或人脈，卻從不說明方法的人，在我看來也十分不靠譜。

最後，真正的高人都擁有屬於自己的一套成熟理論或系統。許多所謂的大師，都是利用別人的理論來支撐自己的觀點，缺乏獨有的核心思想和見解。他們口中的理論或系統，只是資訊的拼湊與堆砌，表面看似豐富，實則缺乏意義和深度的思考。

真正的高人、大師，是那些在內心深處形成了大智慧、大見識與大境界的人，他們的理論或思想，都是獨屬於他們的創造，無法被複製，也無法輕易被超越。

☆想被世界發現，就要先讓自己發光

想要找到真正的高人，就要設法接近高人，離他們越近越好。只有這樣，才能聽其言，觀其行，悟其法，學其招。

對於古代的大師，我們需要透過深度學習以接近他們——反覆閱讀他們的經典著作，細細體會他們的理論架構和思想境界。反覆閱讀並不是要死記硬背，更不是要你跪著讀、對大師理論生搬硬套。死記硬背的東西，永遠無法轉化成你的知識，只是散落在腦海中的零碎資訊。我們要學習的，是經典著作中蘊含的系統化知識，更重要的是，我們要建立屬於自己的系統化知識框架。可以先參考大師們的做法，為自己的知識框架作基礎，隨著持續學習和認知的拓展，不斷補充新的內容與觀點，經過時間的沉澱、吸收，最終形成專屬於你的知識框架。

如果說，我們只能從思想層面上接近古代大師；那麼，對於身處同一時代的高人，我們就應該設法在實體層面上接近他們。我不鼓勵花很多錢去上那些大師的成功學培訓課程，但可以透過其他方式接近他們，例如參加他們的論壇、講座或新書發表會，甚至是應徵他們的職缺，都是接近的方式。也許得要付出不少努力，但當你為了這種實體層面上的接近，不管是籌錢買機票、買門票，還是為了提升自己而早起學習，其實都代表你已經開始慢慢發生轉變。

我有位從事遊戲產業的朋友，他特別崇拜某位業界極具聲望的牛人，他選擇先讓自己累積實力，具備足夠的專業基礎後，再找機會近距離接觸那位牛人，觀摩他的比賽或是參加他的論壇，努力讓對方對他有印象。我可以負責任地說，如果你真的是一位「有料」的新秀，真正的牛人一定會非常關注你。

大家是否有注意到，各個領域裡的很多牛人，最後往往都成了投資人，因為從功利角度來說，牛人也想認識「潛力股」，希望能在一堆沙子中淘到金子，想投資有前景與潛力的新人，如此一來，將來也有機會賺取回報。

與此同時，你也應該努力讓自己變得值得被賞識。這是十分簡單的道理，也可以說是一條黃金法則。如果你單純只是懷著崇拜的心態衝上前，對高人說：「請給我簽名！」你們之間的互動可能也僅止於此了。但如果你能讓高人覺得，你也是一塊好料子，他反而會迫不急待地想拉你一把，幫助你更快發光發熱。

我現在也算是半個小牛人，所以我能理解，為什麼那些大佬都希望能夠認識更多有潛力、有希望的人。

科技媒體公司36氪的創辦人劉成城，便在轉型做投資人，希望能發掘更多有潛力的年輕創業者。寫這本書的當下，我正在協助他製作一檔節目，目標就是找到真正值得投資的年輕人。

對於想要獲得牛人賞識的年輕人來說，還需要做好萬全的準備，因為親身接近高人的機會相當難得。著名的麥肯錫顧問公司有個「三十秒電梯理論（Elevator Pitch）」，這個理論要求員工在最短的時間內清楚表達重點和結果，凡事都要直奔主題與結果，為了達到這個目的，有個關鍵就是，將要陳述的觀點歸納在三點以內，因為一般情況下，人們最多只記得住三點內容，若超過四點以上，便容易記不住。

當然不是說，我們要隨時準備好一份完整的專案，等著碰到老闆時講給他聽。但至少，應該事先思考並準備好應對一個情況：若某天你有機會與公司高層接觸的話，你該如何將心中的願景、觀點表達給對方呢？**大部分的人總是抱怨自己沒有機會，殊不知，機會一直在你身邊，只是你沒有看見，或是根本沒做任何的準備。**

☆如何在關鍵時刻，做出明智的選擇？

「高人指路，不如自己領悟。」自己領悟跟高人指路哪個更重要，我們暫且不談。但是，千萬不要覺得只要和高人近距離接觸，就能因此成就一番事業。

有些人將人生唯一的目標，設定為與牛人近距離接觸，接著再四處吹噓，最後成為令大家反感的「混圈狗」。有部很受歡迎的電視劇《三十而已》，劇中角色王曼妮的相親對象「金融男」，就是典型的「混圈狗」，明明大咖人物都不認識他，還要王曼妮幫他和對方合影，拍照時故作姿態、比畫各種動作，拍完後立刻將合照傳到朋友圈炫耀。他給人的感覺非常狡猾、油膩，甚至有些庸俗。這類人完全誤解了接近高人、尋找導師的意義，他們以為只要有「物理上的接觸」，就等同於和真正的高人建立關係，甚至天真地以為很快就能得到大佬提攜，但事實根本不是這樣。

「混圈狗」的心態千萬不能有，如果你總想著要接近高人，但自身條件與實力完全配不上別人對你的關注時，那麼這種接近就沒有任何意義。

查理．蒙格有句話說得非常中肯：「要得到你想要的某樣東西，最可靠的辦法，就是讓自己配得上它。」即使當下還無法接近那些高人，但我們依然可以從他們身上學到許多寶貴的經驗與智慧。人生的道路上會面臨許多需要選擇的情況，觀察並學習高人在面對人生的緊要關頭時，做出了哪些明智的抉擇，將有助於我們面對眼前的問題。

有人說，人生中真正需要做出重要抉擇的時刻不會超過七個，選對了，接下來的人生可能會平步青雲，事半功倍；選錯了，則可能要付出很大的代價。

以美團點評的創辦人王興為例，有人形容王興的創業過程像一場持久戰，而美團的上市，只是這場戰役中的一場小勝利。讓我們看看他人生中的幾個關鍵時刻：天資過人的王興，高中畢業被保送清華大學電子工程系，畢業後又赴美攻讀博士學位，如果按照正常套路，他應該留在美國成家立業，過上「藍天白雲，有車有房，後院泳池」的中產階級生活。

然而，王興卻選擇了截然不同的道路，他決定放棄博士學業，回到北京，投入網路創業的浪潮之中。經營社交網站兩度受挫以後，王興轉而進軍團購網站市場。因為他深刻意識到，要實現改變世界的理想，必須跟具體的商業管理模式相結合。隨後幾年，當其他網路巨頭在團購市場瘋狂打價格戰時，美團選擇謹慎應對，牢牢守住資金防線。後來我們看到，王興帶領美團進軍電影產業、酒店、外賣、叫車甚至新零售等多個市場。他始終走在產業潮流的最前端，也不斷面臨抉擇與挑戰，更是不斷地出擊、開疆闢土。

我們應該向這些高人學習的，是他們在關鍵時刻如何做出關鍵決定，以及他們究竟擁有什麼樣的分析能力和判斷能力，才能夠抓住機會、脫穎而出。因此，我們既要懂得向高人請益，也要有獨立思考和自我領悟的能力。學習大師的目的，絕不是為了亦步亦趨、盲目地相信大師，而是藉由觀察與理解，建立屬於自己的一套知識體系，進而提升我們的決策力和判斷力。僅靠讀書是無法讀出別人的成就，努力和奮鬥這種事，終究還是得靠自己。

二〇二〇年夏天，有這樣一則新聞：六月二十三日，西昌衛星發射中心成功發射了一顆衛星，是北斗三號衛星導航系統的最後一顆衛星。中國歷時二十六年，總共發射了五十五顆衛星，在浩瀚宇宙中編織出一張名為「北斗」的導航網絡。未來，這張網將在宇宙中為地球上的無數人導航，無論他們身在何處，都不會迷失方向。

這個世界上，關於變化的故事我們已經聽過太多太多，但最勵志且膾炙人口的，一直是人類長期堅持去做的那些事。人生的前路充滿未知，前方等著我們的，可能是沙漠戈壁，也可能是風暴海洋，甚至是無底的深淵……但能指引我們往前的，是精準的導航系統；而始終不變的，則是我們心中的方向。

年齡和時間永遠都不是夢想的敵人

清晨六點三十分，你在做什麼？有些人還沉浸在夢鄉，有些人正睡眼惺忪地清醒過來，有些人已經在遛狗、晨練、準備早餐，也有人已經站在地鐵站排隊，準備乘著早晨尖峰時段的浪潮，迎接新一天的挑戰……

每天早上六點三十分，我都會在線上跟大家一起晨讀。時常有人問我：「老師，你教的課是給什麼程度的人？」而我總是回答：「什麼程度的人都可以學。」這是真的，因為我發現，每天早上跟我一起晨讀的人，年齡層非常廣：有六歲的一年級小學生，也有十八歲的大學生，還有六、七十歲的爺爺奶奶……可見，學習這件事情跟年齡無關，學習的內容也跟年齡沒有關係。而願意學習，且堅持學習的人，無論幾歲，永遠都年輕。

☆「自滿」是阻擋進步的元凶

我想問問大家：你們覺得學習最大的障礙是什麼？你也許會說，學習最大的障礙是懶惰，是無知，是無法集中注意力……但我認為，這些都只是表面上的障礙。事實上，真正最大的障礙，是「自滿」。自滿的人會覺得自己什麼都知道、什麼都懂，於是便不再去學習，也不願再探索了，因為他們認為這個世界就是「這個樣子」而已，世間萬物不過就是「那麼回事」。

然而，這種自以為「什麼都懂」的心態，才是讓人無法進步的元凶，因為連蘇格拉底都曾說過：「我唯一知道的事情就是我什麼都不知道。」面對這個世界，我們應該始終保持謙卑與好奇心。

二〇二〇年的夏天，曾經紅遍大江南北的「水木年華」樂團參加了一檔綜藝節目《樂隊的夏天》。節目裡，他們演唱了〈再見，青春〉，這場表演讓他們重新成為眾人矚目的焦點，在媒體和社交平台上引起了熱烈的討論。但成為焦點不是因為歌曲本身，這首歌並未獲得評審的青睞，僅在一輪比賽後就慘遭淘汰。甚至有樂評人說：「水木年華一把年紀還來唱青春，帶著中年人的油膩無法打動聽眾……」

可是，恕我直言，油膩與年齡關係不大，反而是與大腦思維的關聯很大。認為年紀大就代表油膩，這種說法本身就是一種膚淺和油滑的表現。那麼，什麼才是真正的「油膩」？年過四十但謙遜平和的人，絕對不會「油」，而二十出頭就好為人師的人，一定是「膩」。那種自以為是、狂妄自大的態度，才是真正的「油膩」。

據我觀察，那些令人感到「油膩」的人，最喜歡到處賣弄知識，時常在他人面前誇耀自己的見識，展現出無所不知的模樣，甚至會倚老賣老，動不動就要給年輕人傳授人生經驗。而那些**讓人感到「清爽」的人，往往有幾個特質：不賣弄、不自滿、不自大，始終抱著「半杯水」**

心態，不放棄學習，也因此能夠不斷進步的人。

☆年齡和時間永遠都不是改變的藉口

許多事情說起來容易，實際做起來卻困難重重。很多時候，我們對自身的價值感和存在感，都是建立在既有的認知之上。一旦哪天你發現，你深信不疑的既有認知，其實是假的、錯的，那種衝擊很容易讓人陷入徹底的自我否定。

有人說：「我們總是拚盡全力去扮演一個理智的成年人，可內心好像每一秒都在崩潰。」當一個人突然覺得自己很弱、很渺小時，往往會因為自己的無知而感到痛苦，比方說，聽到別人在談論區塊鏈相關的技術時，自己卻一無所知；或者，看到別人年紀輕輕已走上人生巔峰的時候，心中羨慕到不敢說話……這些內心煎熬短暫消退後，卻對陌生領域望而卻步，想想還是待在自己熟悉的領域就好，何必勉強自己呢？因此放棄去了解未知的領域。因為那些陌生的術語和專有名詞，似乎都高不可攀、遙不可及。

只不過，這樣真的好嗎？這樣豈不像鴕鳥一樣，只是把頭埋在沙子裡假裝看不到，自欺欺人罷了，那到底應該怎麼辦呢？

不知道大家有沒有聽過「成長型思維」和「固定型思維」兩種思維模式。成長型思維模式認為，智力和天賦對一個人來說只是起點，透過不斷努力和學習，就可以讓人走得更遠。固定型思維模式則認為，人的智力與能力是與生俱來的，後天無法改變。

美國史丹佛大學的心理學教授卡蘿・杜維克（Carol Dweck），是兩種思維模式的研究者，她曾在美國十三個高中進行了一項實驗，把一群學習成績不佳的學生分成兩組，第一組學生只接受關於如何提高記憶力的課程；而第二組，除了學習如何提高記憶力之外，還額外參加關於成長型思維的線上課程。三個月後，第二組學生的成績明顯高於第一組。隨著時間推移，兩組之間的成績差距越來越大。

這個實驗證明了「成長型思維」會讓人更懂得學習的重要性，也能在學習過程中不斷成長；同時也證明了，我們的思維模式是可以改變的，成長型思維可以透過後天的訓練來形成。

那麼，我們該怎麼朝著成長型思維邁進呢？

假設你有一個孩子，他這次考試的成績特別優異，你會怎麼誇獎他呢？日常生活中，我們常聽到家長對孩子說：「你真聰明！」，「你好棒！」而按照成長型思維的角度來看，我們其實更應該對孩子說：「你真努力！」。因為「你真聰明」、「你好棒」或者「你是個天才」這類貼標籤式的稱讚，強調的是孩子的天賦，而忽視了他為達成成果而付出的努力，這樣的做法不利於成長型思維的形成。相反地，對孩子說「你真努力」時，著重在他努力學習的行為，而不是單純稱讚他的天賦，這樣能夠引導孩子產生成長型思維，而不會誤以為「自己很聰明，所以不用再努力了」。

晨讀的時候，也有些人問我：「老師，我天天這麼誇孩子，要是他變得驕傲自滿怎麼辦？」我回答：「放心，那點誇還不至於讓他驕傲。」因此，我們每個人都應該為自己建立一個能夠成長的平台，而不是困在固定的思維模式裡。要相信自己是可以改變、可以成長的。

大家是否聽過摩西奶奶（Grandma Moses）的事蹟？她是美國非常有名的畫家，七十六歲的時候才開始創作，八十歲時，已經在紐約舉辦了個人畫展，並引起了巨大的關注與迴響。摩西奶奶九十四歲那年，登上了《時代雜誌》的封面。我想講的，是摩西奶奶一百歲那年發生的故事：一九六〇年，摩西奶奶收到一封信，寫信的人是名為春水上行的日本青年。二十八歲的他，對人生感到迷惘困惑，他從小就熱愛文學，長大後卻聽從父母的安排，成為一名醫生。然而，他卻對這份工作毫無興趣。雖然他仍然熱愛文學，可是在這個年紀為了夢想而放棄穩定的工作，風險太大了。他問摩西奶奶：「一個人，二十八歲才開始文學之路，會不會太晚？」摩西奶奶為他畫了一座穀倉，並送給他一句話：「哪怕你現在已經八十歲了，做喜歡做的事，上帝會高興地幫你打開成功之門。」受到鼓勵的春水上行開始寫作，一生寫了超過五十部長篇小說，成為享譽世界的日本文豪。他就是我們現在熟知的大作家渡邊淳一。

年齡和時間永遠不是學習與改變的障礙，只要你能正視自己的不足，並懷抱想要改變的意願，隨時都可以是新的開始。

這種所謂的「空杯心態」，將自己當作尚未裝滿、隨時可以學習與吸收的容器，正是成長型思維。

☆「相信」的力量，是讓你成功的關鍵

如果你問我，學習的關鍵要素是什麼？我認為是百分之九十的自信心，加上百分之十的學習能力。

學習的核心素質，正是自信心。當我們成年之後，再去自學新的知識時，需要不斷地自我鼓舞、不要打退堂鼓，即使學習的內容非常困難，也要努力尋找適合自己的學習方式，不氣餒、不放棄，相信自己一定會學有所成。如果缺乏這種自信心，很快就會對自己的抉擇產生懷疑，無法堅持到底。

這種自信，與你的學歷、家庭、人生經歷毫無關係，是作為人與生俱來的潛能，但這種自信並不意味著你已經知道所有的知識，而是代表你有能力學會任何你想學的事物。

也許你會問：「為什麼我要有這種無來由的自信？」因為人類的大腦真的很神奇，從生理學角度看，大腦的重量不過一千四百公克左右，只占人體總重量的百分之二。但這個器官，卻擁有探索宇宙起源、思考人生意義的能力，還可以聯想、計算、處理無數的資訊……每一個腦細胞都具備記憶和儲存的功能，每個腦細胞的儲存量，相當於一顆40GB的硬碟。有人曾經計算過，如果要塞滿40GB硬碟的容量，即使每分鐘輸入兩百字，連續不停打字，也需要持續輸入兩百年才能完成。而具有這種強大儲存功能的腦細胞，大腦裡約有一千億個，大概占全部腦細胞數量的十分之一。換句話說，我們每個人本身就是蘊含無限財富的寶藏，我們需要做的，就是不斷挖掘大腦的潛力。

只要相信自己可以做到，每個人都可以打開通往內心寶藏的大門。

如果你現在覺得自己心中有一把火在熊熊燃燒，覺得自己擁有這個世界上無人能及的強大力量，請好好記住這種感覺，請將這股熱情進行「存檔」與「備份」，然後暫時收起來，靜下心來，好好學習。當你每次覺得想要放棄的時候，當你覺得學習太苦、太累、太難而無法堅持下去的時候，請將「備份」拿出來，重新看看自己擁有的無數寶藏和無限潛能，然後振作精神重新出發。

這時，你可能會問：「學習的要素有九〇%是自信，那剩下的一〇%是什麼呢？」剩下的一〇%，是每天一點一滴的去進步、去學習。如果說九〇%的自信是來自對當下自己的肯定，那其餘的一〇%就是對自己的不滿足。因為「半杯心態」，就是知道自己還有不足，願意為了成長而努力。

很多人說，自滿是因為過度自信，而我卻覺得，自滿其實是一種自卑。因為自滿的人不敢挑戰自己，只敢待在熟悉、舒適的那一杯水裡游泳，不敢面對未知與挑戰。而真正自信的人，才敢不斷挑戰新的領域，或是在既有的領域持續深耕。

☆學習的三種方法

聊了這麼多關於學習的障礙、學習的心態，以及學習的要素，那麼，我們到底該用什麼樣的方式來學習呢？我這裡有三點建議：

第一點，我們應該從基礎理論開始學起。

所謂萬丈高樓平地起，所有的摩天大樓都是從地基開始建造的。同樣地，學習上也應該從領域的基本理論下手。這樣不僅可以學習到最核心的知識，還能在過程中掌握學習的方法，進而找到自己擅長的領域。

深入學習某個領域的基礎理論，就像站在巨人的肩膀上，這種做法有兩個好處：一個是更容易利用前人的成果進行創新。雖然有時候你想到的「創新」早就被歷史上的先賢實現了，但只要你能透過內化，將他們的想法轉化成自己的觀點，依然可以讓人耳目一新。另一個好處是：你可以了解前人曾經走過的彎路、曾經做過的錯誤決策。唯有如此，你才能夠避免重蹈覆轍。只有站得夠高，才能看得更遠；看得越遠，才能讓你今後的人生之路走得越直。

現在許多人提到「創新」，便覺得要推翻一切，完全不管前人的任何理論，彷彿歷史不重要、無視任何規律。這樣的做法是在浪費時間，因為沒有基礎理論支撐的創新，就像空中樓閣。因此，學習的「半杯心態」應該先了解現有的研究成果，不能忽視基礎理論的重要性。

第二點，應該關注領域中最前沿的知識。

當我們已經穩穩站在巨人的肩膀上之後，接下來就要關注這個領域中最新的研究進展。首先，我們要具備一定程度的文獻閱讀能力，如果你覺得閱讀學術文獻太困難，也可以選擇讀該領域中的權威期刊，或者瀏覽專業可信的網站、粉絲專頁。

對於過去的基礎理論，我們應該進行綜合性的學習與歸納，並對經過時間考驗的基礎知識進行深度學習；而對現代的理論與最新知識，應該藉由最前端、最具公信力的學習平台與資源，持續汲取新知識。

第三點，我們要將理論與實務結合起來。

需要學習的內容可能非常龐雜，但如果只是單純「學習」，而沒有實際「練習」，除非是專門從事理論研究，否則很難創造出真正有價值的成果。我們必須將所學的東西應用到具體的實務之中，例如：如果你是一位廚師，就應該親自烹調最美味的佳餚，以此擄獲顧客的喜愛；如果你是一名老師，就應該將最先進、最有效的教學方法運用在課程中，幫助學生更快掌握知識；如果你是一位程式設計師，就應該將最新的演算法與技術整合進自己的程式裡，以達到預期的目標……

是否聽過阿里巴巴開發的人工智慧文案平台呢？

向大家分享一組粉底液的廣告文案：「大牌粉底液超低價，手慢無！」「粉底用得好，勝過去韓國。」「時間流過，你還是媽媽心中的寶貝，薄薄一層ＣＣ霜，瞬間化身小公主。」這些都是由阿里巴巴研發的「ＡＩ智慧文案」所生成的，最驚人的是，它每秒可以寫兩千條廣告文案！因此，在人工智慧迅速發展的時代，我們該做的，是比機器更像一個人。我們的優勢不是簡單地儲存資料，不在於重複的機械勞動，而是可以利用這個時代的各種資訊，分析處理不同類型的各種資料，進而發展出屬於自己的思考模式和獨特的「演算法」。

我曾在清晨六點半的晨讀裡，問過大家一個問題：「你為什麼要來這裡學習？」得到的回答五花八門：有人是為了提高成績；有人是為了考上理想的學校；有人是為了能跟心愛的人在一起……其實，**我們都知道，學習並不是萬能的靈藥，但是，學習是我們為自己準備的勇氣和能力**。我們努力學習，是為了在面臨困難時，能夠拿出更多的勇氣應對；在山雨欲來時，不會因為暴風雨而滯留途中，而是能成為敢於迎接暴風雨的人。

我們學習，是為了應對不確定的危機，是為了在意外面前不會被輕易地打倒。無論前方的道路多麼迷茫，學習都能讓我們禁得起時間的考驗，撐得過寂寞的煎熬。無論命運是否冷漠無情，學習都能幫助我們在冷漠中重燃熱情，維持希望。我想，我們應該在迷霧之中，全心全意地去做有意義的事，並成為自己人生旅途中，照亮前方的引路火把。

那個在清晨六點半努力學習的你，懷著無限能量，閃耀著充滿生命力的光芒。

完美的時機永不存在，開始行動才能把握機會

我曾參加矽谷的創業者論壇，當時有位分享者提出了非常有趣的話題：「為什麼職場上女性高階主管普遍少於男性？」關於男女在職場上的成就差異，似乎全世界都是相似的情況。一開始進入職場時，女性和男性表現同樣優秀，但職位越往上升，女性的比例卻明顯越少，很多行業都是如此。

是什麼原因造成這個現象呢？也許會有人認為，這是因為職場中存在明顯或隱性的性別歧視，以及制度上或文化上兩性不平等的差別待遇；又或者，女性往往必須分出更多精力照顧家庭、生育和育兒等責任上，這些巨大且無形的「沉沒成本」，讓她們在職涯發展過程中承受較大的負擔。

我仍記得那位嘉賓直白地說：「越高階的位置上，男性出現的比例越大，其實原因很簡單：男性比女性更『不要臉』。」他這麼說，並非是想貶低某一性別，而是想指出，除了社會與家庭層面所產生的阻礙，女性職涯發展的阻礙主要來自於自身，這些內在阻礙包括：不敢冒險，對於尋求新的挑戰較為保守；缺乏自信，不擅長積極表現自己；不會主動談加薪。而上述三種阻礙對男性來說，往往不是問題……

這樣的觀點確實發人省思，我事後仔細想了想，發現男性好像真的更懂得積極爭取機會，甚至在勝算不高的情況下也願意嘗試，而女性則多半希望等到做好充分準備後再出手。英國一位心理學家也曾指出，男性的冒險傾向是女性的兩倍。這導致在職場競爭中，不傾向冒險的女性往往需要付出更多精力，才能證明自己的價值。根據麥肯錫的研究結果顯示，男性的晉升往往是基於他們自身的「潛力」，而女性的晉升則是基於已經獲得的「成就」。

在這個積極推動性別平等、努力拆除外部障礙的時代，思考如何破除內心的障礙也同樣重要。挑戰自我、接受風險，選擇成長……這些是每個人在職業生涯中，遲早需要面對的重要關卡，無關性別，不論男女。我也想問，此時正在看這本書的你，會在有多少把握的時候行動？

☆世界的本質是「變化」，有五〇％把握就該行動！

對於上面這個問題，我的回答是：只要有五〇％的把握，就可以開始行動。

有時候，我覺得中國老祖宗的說話方式很有意思，一方面告訴我們要「三思而後行」，另一方面又說「天下武功，唯快不破」，這兩句話聽起來好像互相矛盾，但正好展現中國傳統文化裡「中庸之道」的智慧。「和」的精神就在：凡事是否值得去做，關鍵在於掌握一個「度」，這個度在哪裡，最終還是要由你自己來判斷。所以，你認為開始行動的「度」該有多少？是五〇％、九〇％，還是非得要一〇〇％才行？

在這裡，我想提醒大家：不要等到萬事俱備以後才開始行動。我們身邊有很多人，總是想等一切準備齊全、時機成熟再出手。但我想反問一句：什麼樣的程度算「準備好」？要怎麼判斷「時機成熟」？你真的想過要怎麼開始嗎？多數人無法回答這些問題，那些總想萬事俱備、十拿九穩才願意行動的人，往往在等待的過程中錯失了機會。**機會從來不等人，機會是留給有準備的人，它轉瞬即逝、不斷變化，真正能把握機會的，是屬於主動出擊的人。**

這個世界上，不存在絕對完美的事，也永遠不會有萬事俱備的時候。萬事俱備，只是一種美好的幻想。等你準備好了才想表白，也許有人早已搶先送了禮物；等你準備好了才去約客戶，也許對方前一晚上就已經跟你的競爭對手簽了合約；等你準備好才去找老闆談想法，也許同事早就在電梯裡用三十秒說完了他的建議……

世界的本質是「變化」，一切都是不確定的，即使看起來萬事俱備，誰又能保證缺的不是東南西北某一方的風呢？我們當然可以花時間準備，但千萬不要陷入「等所有事情都準備好再出發」的困境，因為機會永遠只屬於敢於伸手抓住它的人。

當你想做某件事的時候，只要有五〇％把握，就可以行動，先做了再說，此時成功的機率是五〇％，失敗的機率也是五〇％，但如果你什麼都不做，成功的機率就是零。

☆成功不是零瑕疵，而是敢承擔風險

有的人會說：「道理我都懂，我也知道機會可能轉瞬即逝，但我就是想把事情都準備好之後再開始。」這讓我想起脫口秀演員李誕曾經被人吐槽，說他講的段子一點都不好笑。李誕回答：「我不好笑我自己不知道嗎？我就是幹這個的，我當然最清楚自己哪裡不好笑，但我水準有限嘛！」其實他背後真正的意思是：**沒有人能做到百分之百完美，你不能總對自己有百分之百的要求，就算表現得不夠完美、即使有人不喜歡，你也得去做、也得行動、也得開始。**

很多人的痛苦，大多源於幾種信念，其中一種就是：「我必須把事情做好，否則我就是個失敗者。」這種對自己百分百強求的心態，是完美主義的表現。

問題是，這種完美主義不會帶來更高的自我要求，反而帶來更多對瑕疵的逃避和對失敗的恐懼。因為害怕照顧不好寵物，所以決定不養了；因為害怕在感情中受傷，所以放棄戀愛；因為害怕做不好，所以乾脆放棄整件事，連開始的勇氣都沒有……你總是把無法實現目標歸咎於自己不夠好，認為失敗意味著自己毫無價值。事實上，你並不是在等待自己變得更好，只是害怕失敗。完美主義是個巨大陷阱，希望大家不要掉進去；至於已經跌入其中的人，請趕緊努力爬出來。

那麼，該如何避免掉進完美主義的陷阱呢？我們需要重新認識以下幾點觀念：

❶絕對完美是不存在的：沒有人能永遠活在零失誤的真空環境裡，所以我們要學會接受差錯和失敗。

❷失誤並不決定你的價值：相反地，它們應該成為你加倍努力的理由，追求更好、做好準備，應該是前進的力量，而不是讓你退縮、拖延甚至放棄的理由。

❸任何事物的發展都是螺旋上升的：我們要做到知行合一，因此要容許自己犯錯，留給自己一些犯錯的空間。當你出現失誤的時候，能補救就趕緊補救；如果不能，就必須學會釋懷，不要讓一個失誤影響接下來的進程。

美國脫口秀大師史提夫．馬丁（Steve Martin）曾經想過擺脫完美主義的方法，就是給自己「畫圈」。當他在進行段子的創作時，如果一邊寫一邊進行自我評價，很快就會寫不出來，創作無法進行下去。面對這種情況，他會在想像中給自己畫一個圈，只要站在這個圈裡，他就是一名創作者，不對自己進行任何評價，這樣可以保證創作得以順利地進行下去。

所以我們也可以為自己創造一個不被干擾的安全空間以後，再做決定。在做事的過程中，不要讓追求「完美」的執念干擾自己，要學會接受自身的不完美，然後在過程中慢慢調整、改善，逐步擺脫完美主義對自己的束縛。

畢竟，完成比完美更重要。只有行動才能消除害怕和恐懼。成功，從來不是因為追求完美，而是因為你擁有面對不完美的勇氣，並願意承擔失敗的風險。

☆「最壞不過如此」是面對未知最好的勇氣

但問題又來了，如果只要有五成的把握就可以行動，那剩餘的五成失敗風險，我們又該如何面對？很多人害怕行動失敗，正是因為無法坦然面對風險，總是在內心不斷糾結：「要是我徹底失敗了該怎麼辦？」、「我要是一下子賠光了該怎麼辦？」

行動固然重要，但我們該如何確保自己的決定不會毀掉自己的未來？如果缺乏確切把握的成功機率，大概沒有人會心甘情願地去冒險，因為風險往往是失敗的開端。然而，我們必須明白，毫無風險的成功是不存在的。

風險和收益本就是成正比。風險越高，伴隨而來的收益往往也越大。我們所做的任何一件事，成功的機率都不是百分之百，不論是創業、投資，或是每天日常生活中的選擇，都存在著失敗的可能性，只是發生的機率很低而已。因此，我們都需要培養「機率思維」。風險並不等同於冒險，在機率思維的幫助下，用理性、科學的方法預測事情發展的走向，進而有效降低風險發生的機率，也能減少失敗所帶來的損失。即使結果不如預期，也因為有事先的風險評估和預防措施，心裡也不會有太大的失望，也因為對機率有所控制，你最終能獲得的回報，會遠遠高於不敢冒險行動的人。

所謂「機率思維」，就是在行動前進行有效的風險評估與管理，確保即使失敗了，也不至於傾家蕩產、一敗塗地。

就像我之前和大家分享過的，我也曾被身邊的朋友陷害過、經歷過非常低潮的時期，造成的經濟損失也讓我非常心痛。但關鍵是，我在做決策之前，就已經做過風險評估：這個決定如果失敗了，我不會流落街頭，也不至於背上難以負擔的債務。換句話說，失敗所帶來的損失，是在我的承受範圍內。能否承受損失，是風險評估時非常關鍵的一點。很多人之所以會因為失敗而崩潰，往往不是因為失敗本身，而是因為他們做決定時，沒有想過自己承受不了那樣的損失。

因此，面對風險時，除了謹慎評估外，也需要具備「反脆弱」的能力。所謂反脆弱，是在面對不確定與波動時，不僅不會被擊倒，反而能從中獲益，讓自己變得更強。

比如，某天的天氣預報顯示，下雨的機率可能有百分之三十，有些人認為這個機率不高，選擇不帶傘出門，但如果真的下雨，導致自己淋溼而生病，就得花錢看病，那便得不償失。而那天出門時若帶了把傘，即使當天沒有下雨，頂多就是多帶了把傘、白費一些力氣，卻因此大大降低了生病的風險。

再好比說，假如你想學游泳，可以從泳池的淺水區開始，一步步往較深的區域走，直到找到可以站穩的最深處，然後開始練習憋氣，等學會憋氣後再學手腳的動作。這樣的學習過程風險低，即使有個萬一，頂多是嗆點水，但你卻能因此學會游泳。相反地，如果抱持完美主義的心態，大概要在岸上練習游泳動作數百遍，等到自認準備得萬無一失才肯下水，那學會游泳可能真的得等到猴年馬月才能實現了。

面對機會，我們要有勇氣去嘗試；面對失敗，我們要做最壞的打算；面對風險，我們要勇於主動挑戰。當無法預測巨浪會將你帶向何處時，你唯一能做的，就是擁抱風浪，保持呼吸。

☆行動不一定有好結果，但不行動注定什麼都沒有你大概已經在許多「毒雞湯」的讀物裡看過這句話：「選擇比努力更重要。」但幾乎沒有人會告訴你，該怎麼做選擇、該根據什麼做判斷。後面這段話，我應該還沒有在任何地方分享過：**一個人二十多歲時，應該拚的是精力；三十多歲時，應該拚的是經驗；四十多歲時，應該拚的是判斷。**

當我們還年輕時，應該在可承受的損失範圍內不斷地去嘗試和學習。二十多歲的你，要盡量嘗試、大膽爭取，就算準備不足，成功的機率只有四成，也應該勇敢行動，從錯誤中累積經驗，並不斷地探索。因為即便失敗了，付出的成本也只是自己的時間和精力而已。到了三十歲，要在自己有五成把握時果斷說 Yes，因為這個階段的你已經累積了一定的經驗，能分辨哪些是純粹浪費時間，而哪些又是值得一試的機會。四十歲的你，可以在有七成把握時做出判斷，例如：要在哪裡置產、該如何規畫投資、該把時間和精力集中在哪裡以打造自己的品牌與價值。總結來說，勝算的提升，來自經驗的累積。

然而，不管你處在哪個人生階段，都不應該等到有百分之百的把握才行動。因為這世界上根本沒有百分之百能成功的事，任何宣稱「絕對成功」、「穩賺不賠」的投資都是陷阱。

我們每個人，都是在荊棘中不斷摸索前行，可能會跌倒、受傷、甚至被欺騙……即便如此，我們仍要行動，英國前首相班傑明・迪斯雷利（Benjamin Disraeli）曾說過：「雖然行動不一定能帶來令人滿意的結果，但如果不採取行動，就絕不可能有令人滿意的結果。」不論你開始任何的行動，總會有錯誤在前面等著你，而我們要做的，是盡量減少錯誤的發生，同時在錯誤發生時，把損失控制在可以承受的範圍內。

「沒有人生來就偉大，而是在成長過程中變得偉大。」這是我非常喜歡的一句臺詞，來自電影《教父》（*The Godfather*），在充滿變數與不確定的世界裡，願這句話與大家共勉。

要努力，不要內卷

不知道從什麼時候開始，「努力」逐漸成了帶有消極意味的詞。努力，不再必然能獲得別人的尊敬，反而常常讓人感到反感，甚至厭煩。

在某個熱門綜藝節目裡，觀眾最喜歡的選手，不一定是才藝和能力最出眾的那位，然而，卻有非常多人討厭那位很「努力」、很「拚命」的參賽者。

☆努力的陷阱：勞累、比較、無益的競爭

為什麼一個人努力的樣子，會讓人感到厭煩呢？其實原因有三個：

- **第一：你的努力，讓別人顯得不夠努力。**

大家回想一下，學生時代班上那位上課總是舉手發問、一直努力學習的同學，是不是讓人倍感壓力？因為他的認真，會凸顯出我們不夠努力。工作以後也是如此，那些主動加班、不停考證照、不斷在進修的人，也常常讓我們覺得自己有些怠惰和墮落。

如果說人生像是在攀登階梯的話，有些人不斷往上爬，有些人爬到一半就決定找個地方坐下來休息……可是，多數人的內心深處還是喜歡和他人進行比較。所以「你」的努力，會顯得「我」的不努力被襯托得更加明顯。於是，討厭你也成了某種本能反應。

- **第二：你的努力，讓其他人不得不努力。**

既然人生是一場長途的攀登，那麼適當的休息一下也是無可厚非。然而，當有人想休息時，你卻持續向上、不曾休息，若不想被你拋在後頭，只能硬著頭皮繼續前進，「被迫努力」的感覺讓人倍感壓力，也因此會埋怨不斷努力向前的你。

- **第三：效率低下的努力，會導致無意義的「內卷」。**

在「內卷」的環境裡，當所有人都在拚命努力，我們把時間和精力投入進去，但最終沒有人真正受益，甚至連加班費都沒有，努力了半天只有老闆受益。這樣的努力，不僅讓人感到疲憊，更讓人產生無力與厭倦。誰又會喜歡這種看不到結果、也沒有出口的努力呢？

☆努力，不等於焦慮與盲目競爭

提到「內卷」這個詞，很多朋友都說自己很害怕內卷，但又無可奈何，只能被迫跟著「卷」。然而，大家真的知道什麼是內卷嗎？「內卷」這個概念其實來自英文單字Evolution，意思是向內發展或內部演變，描述社會發展到某種確定的階段後，因為邊界受限且資源也有限的情況下，無法繼續拓展，只能在內部不斷競爭或內耗。

那麼，為什麼會產生內卷？原因是人類在進化過程中，面對有限的資源，只能不斷細分，卻沒有能力突破邊界、開創新的空間或爭取更多的資源。

就像是微雕藝術，有人能雕刻出手指那麼大的作品，有人能做出指甲蓋大小，甚至還有人可以在米粒上雕刻。內卷就像是這種微雕競賽，人們在極其有限的範圍內進行單調且重複性高的事，沒有能力突破既有的框架。

所以，我們要記住一點：努力並不等同於內卷。**一個人的努力不一定出自於焦慮，努力工作也不代表是在內卷。只有缺乏創意、重複性高、效率低下、毫無進步空間的努力，才是真正的內卷。**

很多人看到別人努力就感到反感，其實是以偏概全的錯誤理解，無助於解決現實問題，也誤導了對「努力」的正確認知。現在「內卷」這個詞已經被過度濫用，許多情況根本不是內卷，卻也被貼上標籤。一個人只要稍微積極上進一些，就會被說成是「卷王」，彷彿全世界的焦慮都是他人的努力所引起的。

對此，我只想說：「清醒一點，我們人類之所以能進化到今天這個狀態，正是因為有那些不想一直『躺平』的人，他們很努力地去挑戰極限和探索邊界，才有了現在的文明世界。如果按照某些人的邏輯，所有努力都屬於內卷，那我們人類根本不用再進化了，大家全都『躺平』不就好了。」

人類還是原始人時，起初也是靠天吃飯、逐水草而居。後來，有個人不再甘於現狀、不想繼續「躺平」，想要吃得更飽、穿得更暖，於是開始投入勞動。或許他的同伴會冷嘲熱諷的說：「你幹麼這麼努力？直接摘果子就好了，你逼得我們所有人都得跟著勞動，去種植、去紡織……」可是後來呢？多虧那些人的努力，人類因此迎來一次又一次的文明進步，生活與科技得以持續發展，最終形成了我們今天所擁有的一切。

☆停止無效努力，開始有意義的成長

我說努力不是內卷，你可能會覺得有些道理，但你也許更想知道的是：該怎麼做，才能打破內卷？

或許有人會說：「我只要選擇躺平，內卷的風氣就影響不了我。」但我認為，躺平看似是一種反抗內卷的方式，實際上只不過是換了一種形式的犬儒主義，意即換一種方式逃避現實而已。

舉個例子來說，如果你的同事加班，你不一定也要跟著加班，但這不表示你下班後就該渾渾噩噩地打遊戲或虛耗時間，你可以選擇用更聰明的方法提升效率，精進自己的工作流程，讓工作更高效、更有成果。又或者，你覺得每天上班是一種煎熬，那你就應該主動抽出時間，去探索自己真正熱愛的事情，然後換一份更適合自己的工作，努力讓自己發光發熱，而不是一輩子在不適合的崗位上虛耗。

還有一種情況是：你看到別人在努力學習，就覺得自己也得努力才行，但又不想內卷，所以乾脆不學了，裝作不在意。這種想法也是不對的，一個人不應該徹底躺平，而應該去思考怎樣才能更高效的學習，與其盲目地跟著努力，不如先掌握學習的方法，再投入至學習本身。以英語學習為例，如果只是硬背單詞，別人背八個小時、而你背十個小時，表面上來看你更努力，但實際上你的努力可能毫無意義，關鍵在於：你的學習方法是否真的能提升你的英語能力？學習的時間越長，並不代表學得更好，效率才是真正的衡量標準。

古人早就說過：「工欲善其事，必先利其器。」這其實才是破解內卷的關鍵。打破內卷，不在於否定努力，而是「天將降大任於斯人也」的時候，確實得經歷「勞其心志、餓其體膚」的過程。我們要的不是低水準的無效努力，而是能夠走出舒適圈的努力。**只有跳出舒適圈，才是擺脫內卷的正確方式。**

☆你不是要讓大家看到你努力，而是看到你活得更好

可能有些朋友這時會提出另外一個問題：如果因為自己努力而被別人討厭、覺得委屈怎麼辦？

我認為，你不應該感到委屈，如果你的努力引起別人的反感，這就證明你還不夠努力。你應該努力讓人看不出你很努力才行。一直以來，有一種人在學校裡特別惹人厭，就是那些一天

到晚說自己沒怎麼讀書，結果考試卻總是名列前茅的人。對於這類人，大家可能在成績公布的當下會有些不滿或反感，但平常還是會跟他們玩在一塊。

他們都懂得以一種不張揚的方式努力，平時跟你打打鬧鬧，表面上並沒有很用功讀書，私底下卻默默投入時間和心力準備，最後成績出爐時，他們的好表現不僅令人佩服，也讓人無可挑剔。他們是真正高情商的人。

就像中國歌手大張偉曾說過，一個人應該活得像鴨子，表面看起來很平靜、與世無爭，但水面下的兩隻腳其實正在拚命划動。我們做人也應該如此：不要總是急著向別人展示「正在努力」的過程，而是要展現「努力過後」的成果；不要總是強調自己每天背了五百個單字，而是能直接說出一段流利的英語；不要總是強調自己為公司付出很多、多麼辛苦，而是直接拿出你的工作成果，不論你的業績是透過提升工作技巧取得的，還是突破過去能力邊界所獲得的。

努力之所以重要，是因為努力後的成果，才更具有說服力和發言權。有些時候，很多人說「懶惰是人類進步的一大源泉」，因為當我們不想多花力氣時，往往會尋找更有效率的做法，用更少的精力完成更多的事情。

但我認為，這裡所說的「懶」，指的是身體的懶散，而非思維上的怠惰。也就是說，雖然身體放鬆了，但大腦依然在高速運轉、持續思考和升級。

因此，我們的努力，不應該只是為了向外界展示，僅為博取掌聲的外顯努力，這只是「假裝努力」。真正的努力，應該是發自內心、基於思維與認知層次的進化。也唯有這種努力，才能真正地創造價值，而不是落入彼此內耗的惡性循環。我們都應該將目光放在「邊界的拓展」

上，而不是在既有的框架裡拚命掙扎。在熟悉的環境或模式中加倍努力，或許會獲得某種暫時性的安全感，但跨出舒適圈、主動尋求創新與突破，才能實現真正意義上的成長。

其實我也認為，**努力的其中一種價值，是讓自己身邊的人都活得更輕鬆、更舒服**。畢竟這世界上九成九的人，都過著平淡的生活，大家都想開開心心地度過自己的人生，而正在閱讀這段字的你應該是屬於那一％不願停滯、持續追求進步的人。所以，請你再稍微多努力一點吧，自己在奮力前行的同時，若能讓周圍的人能感受到安心與快樂，那豈不是一件更有意義的事嗎？

近年來，我最大的改變，也是我最想與大家分享的，不僅僅是「我很努力」這件事，我從不把努力掛在嘴邊，而是想讓大家看到我努力的結果和對生活更深刻的理解，以及我與貓咪共處的日常、親手製做的料理、走遍世界的足跡……這些都不代表我不努力了，只是我選擇不去刻意表現努力的過程，並靜靜地把成果展現出來。我希望我的努力，能為大家帶來更多的快樂和開心。

我們每個人跟真正的努力，都只有一步的距離，我們一起加油吧。

第 3 章

先成長，再成功

人生就像跑步，每個人都有自己的步調，
與其一味追趕他人，不如穩住自己的節奏；
若拚命地模仿別人，最後可能會迷失自己的人生方向。

好習慣是一個人的底層作業系統

喝茶，還是咖啡？
晚睡，還是早起？
狼吞虎嚥，還是細嚼慢嚥？
這些看似平凡又日常的選擇，其實背後都指向一個詞：「習慣」。

☆你以為是選擇，其實是習慣在決定

幾乎每一本關於自我成長的書籍，都會提到「習慣」這個主題，事實上，人類對習慣的探索和思考，已經持續了幾千年。兩千年前，古希臘哲學家亞里斯多德曾說：「優秀是一種習慣。」而兩千年後的我，也在過去的著作裡提過相同的觀點。

為什麼大家總是不厭其煩地反覆探討「習慣」？

其實原因很簡單，因為所有禁得起時間考驗的常識和真理，往往都經過千錘百鍊，而後人接續地重新表述、再創造、再發明。舉例來說，現在有很多熱門的新詞彙，比如「演算法」、「作業系統」、「系統迴路」、「回饋機制」等等，這些詞彙的本質，歸根究柢都是「習慣」這個概念的不同展現形式。

以「演算法」為例，演算法本身是一套經過反覆驗證且能夠穩定執行指令的流程，它的運作不需要每次都重新計算，而是透過重複與自動化來完成任務。換句話說，演算法其實是一種重複的行為，而重複的行為本身就是一種習慣。所以與其說電腦採用了新的演算法，不如說它沿用了某種解決問題的習慣。

「習慣」為什麼如此重要？因為在一天當中，一個人大約有四成的行為來自潛意識、不假思索的習慣，而非經過深思熟慮後的結果。很多你以為是自己「決定」的東西，其實都是「習慣」在默默主導。**你有什麼樣的習慣，就會形塑出什麼樣的人生。當你掌控自己的習慣，就可以逐步掌控自己的未來。**

你的體態，是長期飲食和運動習慣的體現；你的財富，是投資理財和消費習慣的結果；你的思維與認知，是學習和閱讀習慣的成果；你的人際關係，則反映你與他人的相處模式和社交習慣……習慣就像空氣，看不見、摸不著，但它無所不在、無時無刻都在影響你人生的走向。我們每個人，都能深刻感受到習慣的力量，它帶來的影響是潛移默化的。

☆假自律，比懶惰更可怕

我們常常聽別人說：「叫作好習慣難養成，壞習慣改不掉。」

但我認為，將它們區分為「積極的習慣」和「消極的習慣」更為恰當，我們真正要去培養和實踐的，是那些積極且重要的習慣。

有人說，最好的習慣是自律。我對此有不同的觀點。其實，我對「習慣」這個概念的認識，是隨著時間不斷發展變化的。過去我一直強調人需要自律，但後來我發現，過度強調自律是一種輕微的自虐。

當時我對自己的時間管理要求極為嚴格，以致於朋友和我相處時，常常感到壓力、不太舒服。他們覺得，跟我這樣高度自律的人共進一頓飯，好像是在浪費我的時間。這樣的狀況後來發生了變化，轉捩點是我太太也表示，跟這樣的人生活在一起有些累，看著我每天把自己逼得那麼緊，這種自律跟自虐有什麼不一樣？那之後我才開始意識到，過分執著與強調自律，反而會失去生活的彈性和愉悅。

對我來說，自律應該是幫助自己更享受生活的一種方式，而不是變成一種壓力的來源。

但有些人誤解了自律的真正意義，於是為了「看起來很自律」而強迫自己去做不適合的事，反而變成毫無意義的自我折磨，我甚至覺得，「假自律」會毀掉一個人。

不知道你是否也有過類似的經歷，某本時間管理書中寫著：「自律要從『把人生還給早上』開始。」於是你扔掉手機，開始制定一套晨間計畫：四點半起床，五點讀書，六點跑步，七點做早餐，八點準時出門上班……結果九點半剛踏進辦公室，十點不到就開始頻頻打哈欠；好不容易撐到回家，卻還告訴自己要堅持，但堅持沒幾天，你就越來越疲憊，甚至開始懷疑自己究竟是在堅持，還是在強撐。

很多人計畫得滿滿當當，實際行動卻走得踉踉蹌蹌。曾經看過一則新聞：一位身材肥胖的中年男子，決定靠游泳來減肥，連續游了二十多天，每天還會將成果分享到朋友圈，以展示自己的「決心」。後來連續幾天加班，導致睡眠不足。按照身體的情況來說，他應該休息調養，以免負荷不了。可是他卻為了保持「自律」而堅持去游泳，結果突發心絞痛，差點沒救回來。像這樣的自律，本質只是為了完成任務，他以為的自律，其實是在自我摧殘。

因此，我並不認為「自律」就是最好的習慣，也不認為自律應該成為人生的目標。對我而言，自律只是實現目標的一種手段，並非目的本身。

每次完成一趟環球旅行之後，我都會有些感慨，也會思考一些問題，比如：「全世界最勤勞的人是誰？」除了中國人以外，日本人的勤勞與自律也讓我印象深刻。

我在日本的時候，最怕的就是擠早上尖峰時段的地鐵，成群結隊穿著西裝革履的乘客，像沙丁魚一樣擠在地鐵車廂裡；即使下班了，也不能立刻回家，還得去各式各樣的社交或應酬，幾乎沒有屬於自己的生活。日本不只是上班族辛苦，家庭主婦也同樣不輕鬆，光是垃圾分類，就得遵循極為繁瑣的規定，如果要扔掉一個有蓋子的馬克杯，大概需要進行三次分類才能完全處理掉。日本表面上井然有序、智慧高效，國民的幸福指數好像是全世界最高的國家之一，但現實卻恰恰相反，他們的國民幸福指數並不高，還是全球自殺率最高的國家之一。

全世界最動人、最自然的笑容，我是在非洲大陸見到的。那裡無論是孩子還是大人，他們發自內心的喜悅，真的能夠感染給其他人，雖然他們的物質條件並不富足，生活環境也遠稱不上優渥，但不影響他們載歌載舞、盡情享受生活。

有時候我會想，為什麼有些人明明已經賺了不少錢，卻還是不肯鬆一口氣，依然狠狠的逼迫自己。我並不是說人非得「窮開心」，但我們可以稍微思考一下，人不應該為了「自律」而自律，更不該以自虐的方式來工作，因為，自律的意義絕不是折磨自己。

☆樂觀的科學根據與實踐方法

如果說自虐式的自律不可取，那麼最值得培養的習慣究竟是什麼？經過這些年的學習與觀察，我認為最重要的習慣應該是「習得性樂觀」。

「習得性樂觀」是正向心理學之父馬汀・塞利格曼（Martin Seligman）的研究成果。與之相對的，是更廣為人知的術語「習得性無助」，指一個人經歷反覆的失敗後，逐漸形成一種信念：認為自己無論怎麼努力，都無法改變結果，因此選擇放棄，並對生活不再抱有希望，也不願做出任何改變。

「無助」與「樂觀」就像硬幣的兩面，習得性無助讓人習慣性地遇事都往壞處想，總覺得無論怎麼努力都是徒勞，結果無法被自己掌控，因此乾脆放棄努力，陷入無力、失望甚至抑鬱的狀態。可是**人生那麼長，難道我們要因為失敗過一次，就否定所有未來的可能性嗎？答案當然是否定的**。正因如此，我們更要主動學習樂觀，在困難或失敗的處境中，試著做出積極的回應與改變，努力讓自己從失敗中站起來。

也許你會問：「為什麼是學習樂觀，難道我不能天性樂觀嗎？」天生樂觀固然可貴，但這樣的人畢竟是少數。相反地，悲觀更像是一種與生俱來的傾向，常與焦慮、恐懼、抑鬱等負面情緒共存，深深埋在我們的基因裡，從基因進化的角度來說，過於樂觀、缺乏危機意識的人，在原始社會惡劣的自然環境中，往往因為忽略風險、輕視危險，而較早被大自然淘汰掉。

但現代社會早已不同於遠古時代，我們現在更需要學習能讓人面對挑戰、走出困境的樂觀心態，畢竟這個世界總是偏愛樂觀的人，像馬斯克、馬雲、褚時健……他們無不是在逆境中堅持信念，並成功翻盤的例子。在創作領域更是如此，古代如陶淵明、蘇東坡這些文學巨匠，都是在苦難與挫折中保持習得性樂觀，並成功留下得以傳世的作品與思想。

我身邊有很多人，非常容易悲觀，具體反映在他們對世界的「效能感」上——他們總覺得自己無論做什麼都沒有用，甚至懷疑自己存在的意義。一旦對生活產生這種「無力感」，人就會選擇得過且過、什麼都不想做，更不可能再去努力。

然而，如果一個人能稍微有一點點樂觀的精神，情況將會因此產生變化，這份積極的信念，往往能帶來出人意料的轉變。我相信，正在閱讀這本書的你，一定是個樂觀的人，因為如果你是個完全悲觀的人，恐怕壓根兒就不會翻開這本書，更不會花時間認真讀到這裡。

我也時常有懷疑自己的時候，比如每次演講之前，都會忍不住想：自己何德何能，能站在台上給大家講課？我會因此不斷否定自己。其實，否定自己是人的一種本能反應，因為我們與自己相處的時間最久，最清楚自己內心那些不為人知的陰暗面，也知道自己所有的缺點與弱點，知道自己做過哪些無可救藥的蠢事。

不過，那又怎樣呢？

就像心理學家喬登·彼得森（Jordan Peterson）於《生存的十二條法則》（*12 Rules for Life*，繁體中文版由大家出版）中，第二條所寫的：「我們應該像照顧一隻生病的寵物那樣對待自己。」學會關心與善待自己，這樣才能保有面對這個世界的樂觀與勇氣。

要樂觀一天，其實不難；要樂觀一整個月，也很容易，但若要每天都保持樂觀，那真的是一項挑戰。因此，如果你問我哪個習慣最重要，我會不假思索地把「習得性樂觀」排在第一位。那麼，要如何做到「習得性樂觀」呢？我覺得大家可以嘗試下面幾種方法：

第一種，對失敗進行積極的歸因。所謂積極歸因，就是面對失敗時，要學會「對事不對人」。當一件事失敗了，只說明我們在這件事情上處理得不夠好，並不意味我們也是失敗的，不要因為一次錯誤，就否定整個人。

第二種，主動關注這個世界存在的積極和美好。如果某天你感到悲傷或沮喪，那就抬起頭看看天空吧，星空和晚霞，都是這個世界默默留給我們的溫柔。

第三種，時常感恩、時常稱讚。懂得感謝他人為我們的付出，也要記得肯定自己身上閃著光芒的優點。不要總是盯著缺點不放，應該多注意自己做了哪些值得被稱讚的事。

第四種，和樂觀積極的人做朋友，讓自己盡可能受到積極正面的影響，因為他們的態度和想法會在潛移默化中影響你。不要總是跟一群負能量爆棚、愛抱怨的人混在一起，進而陷入無止境的負面循環。

不過也要特別留意，我們千萬不能盲目地樂觀，因為過度樂觀可能導致我們犯下無法挽回的錯誤。我說的「習得性樂觀」，是讓我們知道自己正在做正確的事情，也相信最終能獲得好結果。這種樂觀不是一味地將自身的主觀想法投射到世界上，而是了解現實、看清局勢之後，仍能做出客觀的判斷，這樣成功的天平，就會慢慢偏向我們這邊。

☆成長不是靠硬撐，是靠思維升級

除了習得性樂觀，我認為還有兩個非常重要的習慣值得培養。

第一個是「元認知能力」，其實就是能夠意識到習慣的重要性。中國投資人李笑來老師經常說「學習學習再學習」，我起初對這句話的理解非常膚淺，只把它當作一句勵志的口號，用來給自己加油打氣。後來我才明白，這句話應該拆開來理解：首先，我們要學習「如何學習」，也就是對學習方法本身的學習；接著，再利用這些方法去實際學習新的知識與技能。

所謂「元認知」，就是對認知的認知，就是我們對自己的思考與認知過程的自我覺察、自我評估和自我調整。舉例來說，在學習的過程中，大腦會進行感知、記憶、思維、想像等活動，而元認知就是能對這些活動進行再認識、再思考，並對其進行主動的監控與調節。這正是人類大腦最神奇的地方，它不僅會思考，還能「思考自己的思考」，然而，現實中大部分的人根本不思考，只有少部分的人願意思考，但又很少有人會進一步思考「自己是怎麼思考的」。

元認知能力的高低，正是你與那些高手之間有所差距的原因。很多人決定開始健身，卻陷入一種誤區：先是購買各種裝備，等都備齊了，卻也失去前往健身房的動力，還沒開始就結束了。也有人說，自己看書看完前面幾頁，後面的內容就忘得一乾二淨，看一下下就想打瞌睡。於是便懷疑自己的學習能力，甚至覺得自己不夠自律。

事實上，這些問題的根本原因，並不在於意志力，而是元認知不足所造成的。如果我們能夠意識到自己的學習習慣、認知盲點與行為模式，並進一步去調整它，那麼很多問題都是可以被改變的。能不能改變，也是取決於我們有沒有培養出良好的元認知能力。

當我們渴望改變時，總是希望只要調整某一個小環節，就能達到理想的結果，但在這個過程中，我們常會重複犯下相同的錯誤。原因在於，若只是修補某個表面上的問題，而未理解背後深層的思維模式，錯誤自然就會不斷重演。但是當我們透過「元認知訓練」，改變了整個思考與行為的系統時，就不會再犯類似的錯誤。

這就像運動員透過反覆訓練來建立肌肉記憶，以確保每個動作都準確無誤一樣，我們也可以藉由元認知訓練來鍛鍊大腦的運作機制。為此，我們需要為自己打造一套科學的「大腦運動計畫」，主動辨別並修正那些錯誤的思路與習慣，重新設定正確的認知路線。當這套計畫在大腦反覆實施、堅持執行一段時間之後，元認知能力便會自然而然的提升。

我們將這套運動計畫內化成自己的日常習慣，原本常犯的錯誤就很難再發生。值得注意的是，一切外在事物本身並沒有變化，真正改變的是我們的思維方式。這就是我為什麼說：**習慣是一個人的「底層作業系統」，當我們的習慣變得更積極、更強大時，生活中的許多問題也會迎刃而解。**

另一個我認為同樣重要的習慣，叫作「打熱線」，也就是學會適時地向他人尋求幫助。如果說習得性樂觀是一種內在的自我支持機制，那麼「打熱線」則是主動地向外部世界尋求資源和協助。

我們總是習慣遇到什麼事都自己扛，無論遇到什麼困難，也總覺得應該要獨自面對。這種心態往往源自於我們從小的教育環境：自己做作業、考試成績自己負責；長大以後，工作也很少有真正需要密切合作的團隊任務。即使身在團隊之中，大部分人也是「各掃門前雪」。因此，當我們不得不尋求他人協助時，最後都會說一句：「抱歉，麻煩您了。」這句話的背後，透露出我們對於麻煩他人有著深深的愧疚感，但這樣的態度其實並不健康。

很多時候，我們總覺得問題出在自己身上，於是很少主動向他人尋求協助，結果讓自己承受過多的壓力，也變得格外辛苦。有一個經典的故事：一位猶太父親在教育自己的孩子時，讓孩子去搬動一塊石頭，父親在旁邊鼓勵說：「孩子，只要你全力以赴，一定能搬起來！」可是孩子始終也未能搬起石頭，因此對父親說：「我已經盡全力了！」猶太父親卻說：「你並沒有拚盡全力，因為我就在你身邊，你卻沒有請求我的幫助！」

我們經常聽到有人說：「盡力而為，問心無愧。」意思是一個人只要努力了，即使沒有取得最好的結果，不留遺憾也就足夠了。但有些任務僅憑個人的力量無法完成，那為什麼不主動向外界求助呢？凡事都自己來，遇到困難也一味死撐，事情的效率和結果又該如何確保呢？真正的「盡全力」，應該是善用所有的資源，包括他人的協助與支持，這樣才是真正盡全力。所有的事情都自己單打獨鬥，做不成就放棄，任由事情失敗，這根本稱不上是「盡力而為」。真正的盡力而為，不僅是自己堅持不懈地去做，還要在關鍵時刻懂得借助外部的力量，最終使自己能夠投入的資源和能力最大化，讓事情變得更圓滿。因此，有時我們確實需要改變「凡事靠自己」的思維模式，要學會求助，懂得借助外力。

從這個角度來看，積極的習慣可以從身體、心智、精神，以及待人處事等方面去磨練和培養，最終深入我們的內心，成為刻在骨子裡的本能。這些積極的習慣，就是支撐我們構建一套高效能的「底層作業系統」。而未來，我們唯有在這套系統的基礎上，不斷更新、升級這套系統，才能不斷提升效能，讓自己變得越來越強大。

人生就像一個系統，希望大家的系統都能順利升級，既不黑屏，也不當機，運作流暢並持續進步。

只是改變體態，不安竟然煙消雲散

每次環球世界旅行時，我總會留意哪裡的人最樂觀，一開始發現是住在赤道附近的人普遍較為樂觀。或許和當地氣候有關，因為熱帶天氣穩定，他們不習慣長時間待在室內，更常親近大自然、從事戶外活動，所以我一直認為樂觀這件事和環境有關。

但是後來我發現北極的因紐特人也十分樂觀，寒冷的北極有漫長的永晝和永夜，加上嚴寒氣候，絕對稱不上是良好的環境，為什麼他們還能保持樂觀的態度呢？答案在於他們的生活方式，因紐特人經常需要外出打獵，讓他們保持高度的身體活動。他們的樂觀，並不是來自外在的環境條件，而是來自身體的運動與行動。

上一節講到「習得性樂觀」，樂觀對於我們每個人來說都非常重要，但樂觀究竟從何而來？怎麼樣才能培養更樂觀的心態？其核心在於「身體」。

☆每一次昂首挺胸，都是與命運正面相逢

樂觀需要具備一定的條件。若要一位重症病人保持樂觀，多半只是一種希冀和願望，如同安慰劑般的心理撫慰，因為他的身體狀況決定了他無法由內心深處產生樂觀。因此，大部分運動員和舞蹈演員的心態都比較正面，軍人當中，也很少看到非常自卑的人。因為體態會影響一個人的姿態，而姿態又能進一步塑造心態，而心態則會決定人生的成敗。

經常有朋友問我，說最近情緒低落，該怎麼擺脫？或有什麼方法可以迅速調整心態？我通常會建議他們：出去散步。因為散步能幫助我們舒展身體、放鬆心情。

你可以在生活中仔細觀察一下，當一個人感到抑鬱沮喪時，身體往往是蜷縮的，頭部和肩膀都下垂，整個人呈現出無精打采、沒有鬥志的模樣，這樣的狀態下，絕對不可能走出鏗鏘有力的步伐。你在床上滑手機的時候，容易感嘆人生不公平、毫無希望，其實是因為你的身體處於蜷縮、封閉的狀態。而當你在清晨運動，身體自然舒展開時，你一定會說：「今天又是元氣滿滿的一天！」為什麼會有這樣的心理變化，為什麼身體的姿態會對心理狀態產生如此明顯的影響？這是因為外在的表情、姿勢和語調，都會反過來影響我們的內在心理。也就是說，我們可以透過調整身體狀態，來塑造更正面的心態。

因此，**想培養一顆積極樂觀的心，最基本也最有效的方法，就是努力讓自己的身體舒展開來。**

心理學家發現，有兩種典型的身體語言會反映出一個人的心理強度：一種是身體的舒展程度，也就是你的身體所占據的空間範圍；另外一種是身體的開放程度，也就是肢體是傾向於開放還是封閉的狀態。

內心強大的人，體態往往比較舒展、動作大方；而內心軟弱無力的人，則會顯得局促、封閉。反過來說，不自信的人可以刻意地讓身體保持昂首挺胸的姿態，久而久之，自信心也會一點一滴建立起來。這個方法也同樣可以運用在面試等重要場合中，例如面試前先做幾個簡單的小動作，像是保持幾秒鐘的「超人」的姿勢，就可以在短時間內變得更加自信，從而提升面試的表現。

「習得性樂觀」是最重要的一個習慣，為了建立這個習慣，我們就要學會刻意練習，從調整自己的身體開始，使其舒展、更開放，將正面的能量輸入內心，讓身體從無力轉為有力，讓心情從沮喪、抑鬱轉變為樂觀自信。

☆從一個動作開始，走向更好的自己

當你讀到這裡，也許心中會浮現一個疑問：不是一直都說「內因大於外因」嗎？不是說「態度決定一切」嗎？照這個邏輯，應該是心態先變好，身體才會跟著好起來才對啊，你為什麼反過來說，是從改變身體開始呢？我之所以把「改變身體姿態」放在前面，是因為有時候要改變一個人的心態，是件很難的事情，而改變體態則相對比較簡單。

認知的提升、心態的轉變，並不是一蹴可幾的事。如果請你現在立刻感到快樂、立刻變得樂觀，這可能相當困難；但如果請你在讀這本書的同時，挺直腰桿三十秒，這是你馬上就能做到的動作，而且馬上就能見效。然而心態的轉變是一個長期且漸進的過程，所以在改變心態之前，我們可以先從比較容易入手的「體態」著手，透過身體姿態的改變來帶動心理的轉變。

說到這裡，我不由得感慨「身殘志堅」的人是多麼了不起。身體存在缺陷的人，若想過上幸福美滿的生活，甚至成就一番事業，他所要付出的努力，遠遠超過一般健康的人所能想像。很多人在身體受到病痛或外力的打擊後，會變得意志消沉；但也有一些人，即使身體受損也不輕言放棄，反而是以樂觀的心態積極面對，重新規畫自己的人生，他們付出的辛苦遠超常人，卻也因此讓自己的人生再次揚帆啟航。他們的樂觀與堅毅，值得我們每個人由衷敬佩。

同樣的道理，很多時候，身體上的問題其實比心理的問題更容易解決。當身體出現健康狀況時，你可以大大方方地去醫院看病，然後選擇吃藥或進行物理治療，根據情況選擇不同的治療方法來減輕病痛。但如果你的大腦「不健康」，即心理出現問題時，情況就沒那麼容易解決了，若你陷入憂鬱、沮喪、焦慮，甚至對什麼事情都提不起精神時，很多人都會陷入困惑與無助，並且不知所措。雖然心理疾病也可以透過藥物治療，但有些人對這類藥物有所顧慮，甚至連醫院都不願意去。

因此，如果你覺得生活中沒有什麼事能讓你感到快樂，對未來也失去了希望，那不妨先去操場跑兩圈。因為運動會刺激大腦分泌多巴胺和血清素，這些化學物質能讓人感到心情愉悅，負面情緒也會逐漸離去。

如果感覺壓力實在大到快要無法承受，那可以借助「液體」來把壓力排解，要麼流淚，要麼流汗，兩者之間選一個能讓你好受一些的吧。

☆養成三大生活習慣，打造健康身體的根基

說到這裡，好像問題更多了，我們究竟應該如何保養自己的身體呢？我認為，最關鍵的是從養成幾個重要的生活好習慣做起。

第一個重要的習慣是：保持規律的睡眠。早睡早起一直都被視為健康生活的象徵之一，相反地，晚睡晚起則被認為是有害身體健康。然而根據科學研究顯示，從整體來看，只要作息規律，睡眠時間充足，晚睡晚起對身體並不會造成明顯的傷害。早睡早起固然好，但考量到現代人工作的多樣性，有些人是在夜間工作，需要半夜起床；也有些職業的工作時間只有下午才能開始……所以，無論你是凌晨四、五點才入睡，還是中午十二點起床，甚至是下午兩點起床都沒關係，只要作息規律穩定，身體都能適應。真正應該被重視的是「睡眠不足」和「作息不規律」，這些都會對身體的內分泌系統產生嚴重的影響。

除了保持規律的作息，睡眠品質也同樣重要。睡眠是大腦最好的休息方式，充足的睡眠對激素分泌和脂肪代謝都有明顯的促進作用。有研究指出，如果睡眠充足且品質良好，一晚下來，人體的基礎代謝量相當於慢跑十公里。所以，想要擁有良好的身體狀態，第一步就是打造

規律且高品質的睡眠習慣。

第二個重要的習慣是：健康飲食。飲食不僅提供人體所需要的能量以延續生命，更是增強免疫力和維持健康生活的重要基礎。整體來看，健康的飲食習慣包括均衡的攝取營養，根據自身體質狀況選擇適合的食物；保持飲食的規律性，按時吃飯，按需進食。三餐不定時和暴飲暴食都會影響身體的基礎代謝，最終損害我們的身體健康。

飲食習慣裡，最重要的一點就是要「管住嘴」。以高糖飲食為例，攝取過多的糖分會導致胰島素分泌異常，而這是引發糖尿病等疾病的最大主因。根據統計，中國現在每八位成年人之中就有一位患有糖尿病。因此，避免食用含糖飲料、甜點，控制精緻碳水化合物的攝取，是非常重要的飲食習慣。另外，也要減少食用油和反式脂肪的攝入。當然，人體仍需攝取健康脂肪以維持營養平衡，但是要嚴格控制總量，尤其要避免攝入工業製造的反式脂肪，這類脂肪攝取過多會增加罹患心臟病的風險。

第三個重要的習慣是：保持運動習慣。很多人對「鍛鍊」有很大的誤解，總覺得只有去健身房辦會員卡，每天在跑步機上揮汗如雨，或者氣喘吁吁地舉重練肌肉才算是鍛鍊。但我覺得完全沒必要每個人都這樣做，利用專業器材運動當然是科學的鍛鍊方式，但其實，每天晚上快走一萬步以上，同樣能達到鍛鍊的效果。大家可以準備一個運動手環，監測每天的運動量和睡眠狀況，這樣可以更準確地了解自己的身體狀況。

鍛鍊的重點不在於強度，而是鍛鍊方法是否科學，以及是否能長期保持這個習慣。

此外，鍛鍊時需要特別注意：不能和自己的身體「較勁」。就像在談論自律時所說的，不能為了自律而自律。我們不是專業運動員，鍛鍊的目的不是為了追求成績或是挑戰極限，而是為了維持良好的身體狀態。因此應該放鬆心態，根據身體的適應能力，循序漸進地運動。

或許有人會說：「我每天已經很忙了，工作壓力很大，根本沒有時間鍛鍊。」也有人會問：「艾力老師，你每天看起來很忙，你怎麼還有時間鍛鍊？」對我來說，鍛鍊的時間的確是「擠」出來的。我特別喜歡在運動的時候聽有聲書，或是一邊走路一邊思考，這樣就等於在鍛鍊的同時，也完成了一部分的工作（當然，這些都是在保證安全的前提下進行的）。矽谷就有一群所謂的「生活駭客」，他們在各大平台上分享許多親身測試過的「一心二用」技巧。

例如，有人分享如何一邊在跑步機上走路、一邊用筆記型電腦回信的方式，這樣就可以邊運動邊工作，將時間利用得淋漓盡致。不過必須強調：無論你的「一心二用」技巧多麼高超，安全始終要放在第一位，畢竟，運動的目的是讓身體變得更健康，而不是受傷。事實上，運動的時候最好能夠全心地投入，不去思考其他事，反而更能讓身體放鬆，刺激多巴胺分泌，讓大腦產生更多愉悅感，同時還能有效預防運動傷害。

其實，無論是睡眠、飲食，還是鍛鍊身體，都要根據自己的實際情況來安排，而習慣之所以能成為習慣，靠的就是長期且穩定的堅持。

☆愛自己，從健康開始

除了養成良好的生活習慣之外，若想維持身體健康，還有幾個特點需要特別留意。

第一點，定期體檢。很多年輕人平時感覺身體健康，便認為沒有定期體檢的必要。然而，實際情況往往並非如此：體檢結果顯示你的「感覺」早就背叛你了。有時候，你以為自己很健康，但疾病卻早已悄悄找上門，甚至有些疾病查出來已經是晚期，從而錯過最佳的治療時機，讓自己和親人都悔恨莫及。因此，我們應該透過定期的健康檢查，才能隨時掌握自身的健康狀況，沒有問題當然最好，一旦發現異常，也能及早治療，把傷害降到最低。

第二點，降低罹患重病的風險。我以前去的健身房，對面就是醫院，每當我在跑步機上跑步的時候，透過窗戶看著醫院門口人來人往，我便想：與其把錢花在醫院看病，還不如把錢花在健身房。人生在世，無法保證永遠不生病，但我們可以透過良好的生活方式，有效降低罹患重大疾病的機率。而要想做到這一點，首先就要拒絕一切有礙健康的行為，例如抽菸、酗酒，暴飲暴食、經常熬夜等不良習慣。

第三點，鍛鍊要適度，切勿逞強。運動時，我們必須明確了解自己身體的極限，根據身體的情況安排合理的運動強度與時間，切勿為了逞強而貿然挑戰身體所無法承受的強度。一旦過猶不及，便可能適得其反。為了健康而鍛鍊，卻因過度施壓導致運動傷害，反而得不償失。

第四點，記錄身體數據。身體的各項數據能在一定程度上反映身體的健康狀況。透過紀錄，能幫助我們更有意識地關注身體變化，並進一步調整生活習慣。例如想要減肥時，第一步就是買台體重計，當掌握了體重變化的數據後，就能根據結果制定策略，更有效地實現目標。現在很多人會配戴智慧手環，藉此追蹤心率、呼吸頻率、運動狀況、睡眠品質，從而及時掌握自己的身體情況，及時做出調整。

第五點，相信科學。很多人雖然重視健康，卻沒有採取科學方法；有的人身體出現小毛病，卻為了省錢不去就醫，結果把小毛病拖成了大毛病。還有些人迷信各種五花八門的養生偏方，本來健康的身體，都被折騰出毛病，成了「養生實驗」中的小白鼠。

擁有好身體聽起來似乎不難，但真正實踐起來卻並不容易。這需要我們徹底拋棄不良的生活習慣，以科學理性的方式愛護身體，並根據自身的情況安排適度的運動。

人生就像跑步，每個人都有自己的步調，與其一味追趕他人，不如穩住自己的節奏；若總是疲於奔命地模仿別人，最後可能會迷失自己的人生方向。我希望大家都能成為自己身體的主人，以理性的思考、科學的方法、高效的行動，打開人生的正向循環，活出積極、樂觀和充滿生命力的人生。

堅持檢討改進，讓你走的每一步都算數

身為一位老師，我經常要面對一個靈魂拷問——現在的年輕人，最大的痛苦到底是什麼？是沒有時間工作？沒有時間娛樂？還是錢還沒賺夠，身體就已經撐不下去了？其實我覺得，這些都還不是最根本的原因。年輕人最大的痛苦，是忙了半天卻不知道自己究竟在忙些什麼，而且還感到非常的疲累。尤其每到年終總結的時候，大家總坐在電腦前憋了半天，頭髮掉了一把，報告卻還是一個字都寫不出來。

有些人認為寫不出來，是因為寫作能力不好，也有人責怪自己的反思和檢討能力太差。但在我看來，真正讓人苦惱的，其實是回顧一整年的工作後，發現似乎沒什麼值得記錄的成果，這才是令人無力的根源。

☆你以為的努力，其實是低效的自我感動

造成這一切的原因究竟是什麼呢？英文有句話說：「The ends justify the means」，意思是

「結果可以使過程合理化」。也就是說，有些人為了結果而不擇手段，甚至做出不道德的事情。但現實中，這樣的人畢竟是少數，更多人面對的問題，是把「過程」誤以為是「結果」，把「苦勞」當成「功勞」，然後自我感動地說：「你看我這麼辛苦，為什麼卻沒有任何成果？」這就像你下定決心要健身減肥，裝備買了一整套，健身影片也下載了一堆，最後三天打魚兩天晒網，不但沒瘦反而胖了三斤，最後在朋友圈感嘆：「健身真的好難啊。」又像是準備學習、提升自己，書籍、文具、線上課程全都備齊了，可是一打開課本，就不自覺地開始玩手機，整晚就這麼荒廢過去。

工作中，很多人也只是把工作「做完」，卻遠遠談不上「做好」。還自我安慰說是在「享受過程」，但其實這往往只是逃避結果的藉口，因為他們常常會羨慕、嫉妒，甚至怨恨另一群人，那些看似活得很輕鬆，玩得開心，和家人關係融洽，也能做自己想做的事情，這些人好像也沒有特別努力，卻成了大家羨慕的「人生勝利組」。這些自稱「享受過程」的人，也渴望那樣的結果，卻被自己想像出來的「過程」吞噬了時間，磨損了意志，最後也埋葬了希望。

所以我常常在想：為什麼同樣是人，卻有那麼大的差別？後來我發現，那些真正能成事的人，幾乎都有「結果思維」。所謂的結果思維，是指在做一件事情的時候，能夠聚焦於它最終能產生的實質價值，並以此作為衡量與判斷的標準。

用結果來制定具體的工作內容，是以結果為導向和以價值作衡量的思維方式。擁有結果思維的人，意味著他們在意的從來不是「忙了多久」、「付出多少」，而是「成果如何」。他們善於發現問題和分析問題，能制定出有效的計畫，並全力以赴地執行。

即使最後的結果並不理想，也總比在過程中不斷反覆糾結要好很多。因為只有明確的結果，才能獲得符合要求且高品質的回饋。

結果思維的核心，就是對結果負責，也對自己負責，讓每個具體可衡量的結果，成為成長的起點。真正有價值的結果，是對過程的總結，是實實在在的收穫，而最具價值的結果，則是可以複製的，我們能從中總結出方法，並應用到未來的工作中，也可以透過分享、寫作的方式傳遞給其他人，產生更大的影響力。

☆如何不靠加班也能成為人生贏家？

如果你閱讀過經濟學家格里高利・曼昆（Greg Mankiw）的《經濟學》（*Principles of Economics*），應該會對這本教材反覆出現、不斷強調「先做出來，再逐步完善」的邏輯思維印象深刻這種做法，其實就和現在網際網路世界一直強調的「最小可行性產品」原則如出一轍，依據結果思維，「先做了再說」，等產生一個初步成果之後，再持續改良與打磨。如果你總在萬事俱備的狀態下，還要等著「東風」來了才願意起步，那你可能永遠都沒有辦法真正行動起來。

無論是展開一項工作，還是完成一個任務，我們都應該有勇氣嘗試、敢於開始，然後在實作過程中不斷調整，而不是指望自己能夠一出手就做出驚天動地的鉅作。

說到「結果」，大家總會把它想得很偉大，總以為必須完成某項任務或重要的專案，才稱得上是結果。事實上，日常生活中的許多小事，也都可以是一種結果。舉個例子，回覆訊息的時候，很多人常常有「意念回覆」的狀況，腦中已經想好回覆內容，甚至模擬了一遍，但實際上根本沒有按下傳送鍵。這就是典型的「把過程當作結果」。對你而言，訊息的回覆好像已經完成，但對方卻完全沒收到任何回覆。如果是熟識的朋友，偶爾這樣還無傷大雅，但如果和對方沒那麼親近的話，這種行為可能會導致很多誤會和不必要的麻煩。

我曾經有位同事，工作中經常出現各種大小的問題，每次想跟他聊工作，還沒聊上三句，他就開始訴說自己的困境：家境貧寒、工作辛苦、長期過勞導致腰痠背痛，身體快要撐不住……每次他說著語氣都哽咽了。一開始我很同情他，真心建議他應該找機會跟主管好好聊一聊，先解決家庭與健康問題，再專注於工作。但後來每次提到工作，他還是習慣性地進入「訴苦模式」。到最後，我腦海裡真的只剩下一堆問號，幾乎可以直接做成一種「表情包」。我很想對這位同事坦白地說：我了解你的處境艱難，家事繁重，也知道你很努力撐著生活，但這些都不該成為你逃避解決工作問題的理由，更不能拿來當作你不認真工作的藉口。

事實上，大多數老闆並不期待員工天天加班，他們要的只是看到工作的成果，並不會關心你過程有多麼辛苦。我個人就很討厭「996」的加班文化。理論上來說，只要完成了當天工作，理應就可以下班，這是最基本的道理。

所以我很喜歡一位朋友公司裡的諫言：「加班是應該的，因為工作還沒做完；不加班也是應該的，因為工作已經做完了。」是否加班，應該完全取決於工作有沒有完成，而不是為了營造「努力」的假象。加班本質上是達成結果的手段之一，如果以最終結果為導向，那麼許多原本需要加班的工作，也有機會透過提升效率或合理規畫而提前完成，進而避免不必要的加班。

因此，我們應該用正確的心態來理解「結果思維」，它不是冷血或功利，而是一種對結果負責、對自己負責的工作態度。

☆別讓情緒擋住成長的路

保持一個好心態真的非常重要，尤其是在面對他人回饋的時候。

有些時候，當我們在自己熟悉的領域待久了，就容易失去追求進步的熱情，每天只是機械式地重複工作內容。這種時候，唯有獲得來自外界的回饋，才能推動我們得到進步和成長。

我曾經認為自己在講課方面已經近乎完美，在國內也算是小有名氣的老師，後來發現，自己連續授課了五、六年，課程內容其實變化不大。於是，即便我可以繼續「吃老本」，我還是決定走出舒適圈，找了一群志同道合的夥伴，合作開設一門新的課程。

說實話，剛開始我是非常理性地認為，我應該走出舒適圈，做一些改變和創新。但當我聽到別人給予的真實回饋時，內心的第一反應卻是想掀桌子，心裡有無數髒話閃過，甚至忍不住想質問對方：「你有什麼資格說我這個做得不好、那裡講得不好，你算老幾？」但幸好每次我都忍住了，沒有真的罵出口。因為我後來發現，指出問題、提出意見，是非常容易的事，畢竟表達主觀感受並不需要什麼專業門檻。也就是說，誰都有權利說出自己的感受。而我的課程面對的正是「所有人」，所以不管是專業人士還是普通觀眾，他們的感受和意見都值得我傾聽。因為只有形成一個完整的成果，加上不斷的反饋與調整，才能讓這門課真正成熟且有價值。

我認為，做為一名老師，最基本也最重要的，是要持續保有原創的想法。當你講的內容千篇一律、聲音又一模一樣時，學生聽久了不僅會感到乏味，更會讓自己陷入危險的思維僵化狀態。而堅持錯誤的觀點與盲目從眾也同樣危險，甚至可能造成更嚴重的後果。唯有那些能提出獨立觀點、並且判斷正確且勇敢於堅持自己想法的人，才有機會獲得成功。

那麼，一個人要如何獲得正確的判斷呢？我認為，人要麼是按照自己的行為方式去思考，要麼是按照自己的思考方式去行動；如果我不能按照我自己的想法去行動，那我就應該依照自己行動的方式去調整思維。

但現實是：**想法與行動之間往往存在落差，任何事情都不可能一步到位、完美無瑕，都需要經過不斷打磨與適應的過程。**因此，當我聽到一些不友好、甚至讓人不舒服的回饋時，我會選擇先忍一忍，先去跑個步散散心，或玩一兩局遊戲讓自己短暫脫離世界，等冷靜下來後，再回頭理性檢討這一切。

後來，我靜下心來思考自己當初為什麼要找這些人來參與課程試聽，才意識到，我原本的目的，不就是希望他們能給出真實的評價和建議嗎？如果只想聽好話，那根本沒有意義。真正有價值的，往往是那些刺耳卻具體的批評，特別是來自身邊熟人的建議，他們既了解我，又知道我在哪些地方應該做出改變，這正是我當初最想要的回饋。

就像馬斯克說的：「如果你真的希望把一件事做好，就應該全力以赴。」所以我會繼續努力，不斷打磨自己的課程，讓課程中的每一分鐘、每一句話、每一個單詞都做到最好，希望當你閱讀到這本書的時候，這個課程已經順利上線，並獲得大家的認可。

☆每一步都算數：讓努力開花結果的關鍵

我們一定要讓自己的認知透過具體行為形成循環，才能從現實生活中獲得實質的回饋，這就是所謂的循環計畫。

「凡事有交代，件件有著落，事事有回音」，說的正是循環計畫中「行動－反思－修正」的過程，這對於當今以腦力勞動為主的職場環境中尤為重要。**有些道理，唯有親身實踐之後，才能真正理解與融會貫通，因為只有行動，才能讓我們更接近目標；才能幫助我們釐清自己真正想要的是什麼。**

我們的上一輩人其實都活得很開心，幸福感也很高。因為他們當年參與過國家建設，不論是修橋還是鋪路，都不存在將過程當結果的情況。那個年代，建好一層樓就是一層樓、修好一里路就是一里路、種下一棵樹就是一棵樹，工作成果都是清楚可見、實實在在的。但到了今天，我們從事腦力工作時，卻很容易陷入「忙了一整天，卻什麼都沒有做出來」的狀態。可能一天下來，一頁簡報也沒完成；策畫了半天，一個字都還沒寫下；與人溝通了老半天，最終卻毫無結論很多時候，我們將過多的時間與精力投入在過程中，卻在「構建」與「產出」方面做得太少。或者說，我們太追求一步到位，想把結果做到完美，最後導致自己在這個過程中浪費了太多時間。一個人浪費一分鐘，看似不痛不癢，但有可能造成整個組織浪費十個小時，甚至更長的時間。

與其把九九%的精力花費在追求完美的過程中，卻只換得一%的收穫結果，還不如把整個任務拆解開來，將九%的精力花在行動上，獲得一%的結果，然後不斷重複這個過程，當我們將這個過程重複十遍，同樣可以得到百分之百的結果。

循環計畫強調的是可持續、可複製的實踐過程，而不是只做一次。每一次的檢討、總結、回饋都是為了下一次的計畫能夠做得更好。

一次「靠譜」並不難，難的是要一輩子都「靠譜」。因此，無論是做人還是做事，我們都應該利用總結性的思維習慣，在每一次的檢討中，分析利弊得失、總結經驗教訓，並持續改進，讓自己的人生變成不斷反思回饋、不停檢討精進的循環。在這樣的回饋循環中，我們會不斷激發嶄新的想法，在一次次檢討中展現豐富的生命力。就像江河萬里，你走的每一步，終將有所成果。

改變認知，與理想中的自己靠得更近一些

如果真有一個放諸四海皆準的道理，我覺得應該是：一個人的上限，取決於他的認知。

前幾年我去了一趟阿根廷。那裡有廣闊的彭巴草原（Pampa），畜牧業及葡萄酒業舉世聞名，我參觀一位當地朋友的農場，規模不大，是典型的「小而美」家庭式經營的工作坊，當我品嘗了他們精心烹飪的美食後，內心感慨萬千。

我來自新疆，也算是吃遍各地好吃的牛肉，但是他們家的牛肉真的太美味了，令我十分驚豔。所以我立刻和那位阿根廷朋友說，我想幫他把這麼優秀的產品引進中國市場，一定要讓他的牛肉熱銷至全中國。接下來的三個小時，我彷彿成了一名專業的推銷員，不斷給他「洗腦」，試圖說服他拓展市場、擴大規模，並把產品賣到中國。然而，不管我怎麼說，他始終不接受我的建議。我當時在心裡默默地想：「這就是真正限制他發展的關鍵吧，他的認知框架太狹窄了，難怪他家的事業沒有做大。」我甚至下了一個結論：一個人的認知水準決定了他能走多遠。如果他有布局全球的視野，說不定早就財富自由、走上國際舞台了。

但是沒過多久，我就被「打臉」了。後來，另外一位朋友告訴我，那家農場之所以沒有擴大規模，並不是因為能力或眼界不足，而是因為他們一直遵循祖輩留下的家訓。他們相信，真

正的幸福來自內心的平靜與家人的陪伴，而非市場占有率。他們追求的是產品的極致品質、品牌的精神價值，而不是財富的無限累積。

於是我就想，也許那天我離開以後，那位農場主肯定也在心裡想著：「這位朋友，這輩子都做不出真正上等的牛肉製品了，因為他的認知限制了他對品質與生活本質的理解。」

有人說，一個人的認知大致可分為三種境界——第一種是「以為自己很厲害」；第二種是「知道自己不怎麼樣」；第三種是「不知道自己很厲害」。其實，無論是哪一種，我們每個人都活在自己的認知局限裡。

☆突破認知局限：換個角度看世界，開拓認知邊界

每個人都有認知局限，但每個人的局限卻不盡相同。有些時候，人與人之間的差異，甚至比動物之間還要大，因為動物的思維大致差不多，而每個人思考的事情卻千差萬別。

《人類大歷史》（*Sapiens*，繁體中文由天下文化出版）一書中提到，智人之所以能從眾多動物中脫穎而出，進化為主宰地球的人類，靠的就是「認知能力」。如果你是我的讀者，應該對巴菲特和查理．蒙格等人所強調的「多元思維」、「多元思考」、「多元模型」這些觀念不陌生。起初我也覺得這些概念只是他們在故弄玄虛，後來我才明白，所謂「獨立模型思考能力」，就是把問題研究透徹，像是：各行各業到底是怎麼賺錢的。這個能力看似簡單，實際上

卻不是所有人都能掌握，因為你可能對你所處的行業瞭若指掌，也可能對與你相關的產業略知一二，但若要你了解各行各業的商業模式與獲利機制，那就沒那麼容易了。比如，不是每個人都知道「原油」和「石油」之間有什麼差別；又或者，一個工頭應該怎麼樣分配工資，才能確保工人每天準時來上工、不會提前拿著錢就直接跑路……每個行業，都藏著許多值得深入學習的知識。

我最近就學到一個非常有趣的行業知識。我家樓下有個美食廣場即將開幕，我突發奇想：不如自己在這個美食廣場開一家新疆炒米粉店？有了這個想法後，透過朋友的介紹，認識了一位專門開連鎖餐廳的老闆，跟他請教餐廳的經營之道。聊天過程中才驚訝發現，原來餐飲業有很多的門道，像是餐飲業裡最大的風險，並不是租金或原料，而是廚師可能隨時辭職離開。所以，對於一個餐飲業的老闆來說，最大挑戰是：一旦廚師突然辭職不做了，該如何迅速補上廚師的空缺，以免影響到餐廳的運作。這讓我意識到，看來餐飲業是一個流動性很高的行業。和這位老闆深入聊過天後，我毅然放棄了開炒米粉店的想法——我自認無法應付這種隨時可能爆發的人力問題，我既沒有經驗，也沒有精力。

我無法理解餐飲業的問題，同樣地，餐飲業老闆大概也無法理解，我是怎麼靠「耍嘴皮子」來賺錢。這正說明了，當人在某個行業待久了，就會形成自己認知上的局限。

如果不想被自己的認知局限束縛住腳步，就要不斷學習、不斷思考，培養更強的認知能力與思維彈性。所謂的「多元思考能力」，簡單來說，就是利用不同的模型來思考，理解每件事物背後的價值與邏輯。多元思考能力越強的人，往往可以獲得更多的社會資源，若能合理有效地使用這些資源，自然也更容易將資源轉變成實質的財富。很多優秀的企業家，都具有強大的多元思考能力。

其實不僅是企業家，我們每一個普通人若想不斷提升自己的實力，也應該主動學習、多方涉略、不停思考，持續鍛鍊自己的思考力與認知水平。

☆成長從來不是靠靈光一閃，而是點滴積累

一說到認知能力，很多人會覺得這是一個既抽象又玄妙的新詞，也常有人困惑地問：「到底該怎麼提升認知能力？」其實，認知的過程，本質上就是不斷將「已知」與「未知」建立聯繫的過程。因此，提升認知能力的關鍵，在於對自己思維方式的升級，而升級的第一步，就是完成對「已知」內容的有效積累。這樣的積累主要來源於兩個方面：一是閱讀，二是對客觀世界的觀察與實踐。但我認為需要強調的是：這個積累的過程，其實是有技巧和方法可循的。

舉例來說，在閱讀「提升能力」相關的書籍時，不必拘泥於從頭讀到尾的傳統方式，可以依照個人的興趣，直接從目錄中挑選自己感興趣的章節開始閱讀。至於名家名著，可以當作休閒娛樂的選項，適合在夜深人靜時，泡一壺茶、伴著燈光慢慢品讀。

此外，也可以根據自己所處的行業，有目的性的尋找，需要什麼、欠缺什麼，就去學什麼，這類知識不僅是你進入產業大門的敲門磚，也是你持續進步的最大動力。至於暢銷書，我

也覺得值得一讀，也許你對內容沒有太大的興趣，也跟你所處的行業無關，但可以藉此拓展自己的視野，還可以成為社交場合裡打開話題的來源。至於那些小眾的冷門書籍，我的建議是先把該讀的書讀完，再慢慢去讀也不遲。

第二個「已知」的來源是對客觀世界的觀察和實踐，簡單地說，就是增加人生閱歷。就像唐三藏最終取得的「真經」，除了書本上的經文之外，他從九九八十一難的經歷中獲得的經驗與磨練，也都屬於真經的一部分，這些經歷與體悟都是寶貴的財富。所以，我們不僅要在書本中累積知識，更要在生活中累積經歷，甚至我覺得人生閱歷和經驗是「已知」中極為重要的一部分，只有不斷地在行動當中磨練與學習，我們才能全方位、多感官地進行認知升級。

觀察這個世界，可以透過旅遊來打開視野；可以藉由學習或跟不同產業背景的人溝通與交流；也可以從親身參與、處理各種事務的過程中獲得洞察。**當你累積了這些經驗之後，會驀然發現，有些東西原本只停留在文字上，如今終於能夠打動你、改變你，甚至成為你成長道路上的養分。**

☆你不是不夠努力，只是還沒用上「複利思維」

當我們積累了一定的「已知」之後，就應該開始嘗試將這些「已知」與未知建立聯繫。這時，就需要運用提升認知的第二種方法——思維工具。所謂的「思維工具」，指的是儲存在我們大腦中的一套思考模型和思維法則，這些工具可以幫助我們解決某些問題。

其實，每個人都被困在自己的認知裡面，若單獨從某一學科或專業的角度去理解這個世界，往往如同盲人摸象，所見都是有局限的。要突破這種局限，就必須學會建立多元且靈活的核心思維模型。舉例來說，經濟學中著名的「複利思維」，這裡所謂的複利，是指在一定的時間內，把你的精力和資源不斷地投入到某個領域，並且長期堅持下去，這些投入會像雪球一樣越滾越大，最終產生遠超預期的回報。比如每天花三十分鐘鍛鍊身體，長期堅持下來，身體就會變得更健康、更強壯。其實對大多數人而言，如果沒有複利思維，也許終其一生都不會去運用、也體會不到複利的威力。複利思維需要我們以發展性的眼光和長遠的視角去看待當下的選擇與行動。

在思維法則裡面，還有一個值得學習的法則是「奧卡姆剃刀理論」（Novacula Occami）。這個觀念強調：處理問題時應盡量拋棄冗餘與複雜，直指核心，尋求最簡單、最高效的解法。現在許多人最大的問題其實並不是無知，而是「自以為知道得很多」，結果反而將簡單的問題複雜化。不知道大家有沒有聽過一個故事，早年有間日用品公司引進了一條香皂生產線，但是這條生產線經常出現空盒未裝香皂的情況。為了解決這個問題，這家企業找了許多專家和教授，提出了數百萬元的技術改造方案，但準確率也只有九五％。結果，廠裡的技術員提出一個既簡單又有效的方案，就是花幾百元購買兩台大功率風扇，對著生產線吹，空盒子就會被吹掉，從而一舉破解了難題。

這個例子說明：**處理問題時，不要一開始就以複雜的方式想，有時簡單的方法反而更有**

效。我們從小到大習慣了學習和使用艱深、繁複的知識體系，導致我們容易本能地把事情往複雜處思考。但實際上，許多問題遠沒有我們想像中那麼難解。

☆改變人生的不是行動，而是看待行動的方式

提升認知能力、打破認知局限，聽起來彷彿是一件困難的事，但其實有時也可以很簡單。只要你下定決心要改變現狀，自然就會想方設法讓改變發生。

當你的認知能力提升了，你會發現自己擁有更多選擇的可能，也能因此獲得更多成果。

我有個朋友在德國攻讀工程物理博士學位，他長期從事學術研究，但經濟上一直都不寬裕——畢竟單純做學術研究，實在很難賺到錢。他也為此感到煩惱，於是想找到一個既不耽誤學業，又能提升收入的方法。經過一番認真思考與評估後，他決定在攻讀博士期間兼做直播帶貨。這個決定一開始不被周圍人看好，但他還是堅持了下來，他的想法是：「我每天也不可能二十四小時都做研究，就算我花十小時做研究，也還有四小時能用來做直播。既能把自己覺得不錯的商品分享給大家，讓他人受惠，也能增加收入，這是一件有意義、有價值的事，那為什麼不做呢。」在他的努力下，經濟狀況得到了改善。他在本質上有什麼變化嗎？其實並沒有，他依然認真在做學術研究，他只是認知發生了改變。

改變認知，並不是要我們輕率或魯莽地去嘗試從未涉足的領域，而是要秉持一顆誠懇與審

慎的心，認真思考，結合自身條件與現實環境，做出負責任的選擇。**認知上的一點點改變，有時就足以讓我們跳出原本的局限，獲得更多機會與收穫，進而靠近那個理想中的自己，過上自己真正想過的生活。**

關注成長，比關注成功更重要

如何改變現狀？這個問題在知乎的搜尋排行榜上常年名列前茅。每個人都活在自己的小世界裡，外部環境已經讓我們喘不過氣，而更多時候，真正讓人感到無力與絕望的，其實是我們自己。

我們常常會發現，無論怎麼努力，自己似乎還是那個「老樣子」——不管怎麼努力減肥，體重就是減不下來；不管怎麼用功學習，成績就是沒有提升；不管怎麼勤奮工作，工資就是一點都不漲……而諷刺的是，有些事情看起來根本不用怎麼努力，卻總是輕而易舉地發生改變，例如信用卡每月的欠款越變越多，或是在別人心中的形象日益惡化。

改變是件痛苦且艱難的事。也正是因為如此，人們才會不斷地尋找各種方法來突破現狀。

☆想改變人生？別再相信偏方！

在各種改變現狀的方法中，最容易出現的一種「偏方」，是那些聲稱不用付出任何努力就能實現改變的方法。我們經常在網路上看到各種廣告，號稱不需節食、不用運動也能輕鬆瘦身的減肥藥，還有各種標榜「XX天獲得巨大改變」的速成課程，但如果這些方法真的有效，為什麼還有這麼多人要花錢報名、努力實踐、辛苦堅持，只為改變自己的人生呢？

就拿減肥藥來說，有些產品的確可能在短時間內產生一些減重效果，但往往也伴隨著代價與風險。說來不怕大家笑話，我當年最胖的時候，也曾嘗試使用過某種能夠阻斷人體對油脂吸收的神奇減肥藥，簡單來說，如果你中午吃了一份水煮魚，半個小時後就會開始排出油脂。我當時心想，這也太厲害了吧！真的像是把所有油都排出來了，感覺非常神奇。後來才發現，這種藥多多少少都會對身體產生副作用，而且減重效果也未必理想。第一，讓人變胖的元凶其實不是油脂，而是糖分。第二，吃了這種藥後，你必須時刻準備面對突如其來的「緊急狀況」。

我有次就發生了意外情況，那天我正好穿了白色的褲子，在排氣的時候過於用力，後果可想而知……所以，就算你吃的減肥藥真的沒有任何副作用，你還是得為此付出某種代價。從另一個角度說，那些完全「不勞而獲」的改變，通常也持續不了多久。

有人做過統計，中彩券的人當中，有超過八成的人在三年內就會回歸原來的生活狀態。有些人中彩券後，一夜致富，突如其來的財富瞬間顛覆了他們原本的生活節奏與習慣，也釋放出內心長期壓抑的慾望與衝動。等錢花光之後，壞習慣卻養成了，要再改變可就沒那麼容易了。

如果一個人的認知能力無法與他的財富匹配，就算天上砸下金山銀山，這些錢也只是幸福的詛咒，讓人如同掉進了美麗卻危險的陷阱，再也爬不出來。**往往越容易得到的東西，就越容易失去**，你靠運氣賺的錢，終究會因為實力不夠，而原封不動地賠回去。

☆恐懼的盡頭，是成長的起點

改變需要付出代價，而這個代價的大小，往往與你想獲得的改變成正比，你想改變得越多，就必須付出越大的代價；你改變得越少，所需的代價也相對較小。你願意為自己付出什麼樣的代價，就會收穫什麼樣的結果。這個代價，可能是那些你過去不願面對、不敢嘗試、甚至認為自己做不到的事情，也很可能是你曾經習以為常、如今卻必須割捨的過去。

想要真正改變，就需要我們主動去挑戰那些「不想做」、「不敢做」、「覺得自己做不到」的事，也必須勇敢面對與克服內心的恐懼。

恐懼是深植人類腦中的生存機制。因為恐懼，我們才能居安思危；因為恐懼，我們才有憂患意識和敬畏之心；因為恐懼，我們才能規避風險……恐懼大多源於「不可控」因素，人們總是在掌握一切的情況下感到心安，一旦面臨超出預期、不可控的情況，就會出現恐懼。雖然現代人類已不需要面對洪水猛獸這類實質性的生存危機，但許多抽象而虛無的恐懼，其威力絲毫不遜色於洪水猛獸。

說白了，所有超出我們控制、未在計畫內的事情，幾乎都會產生令人害怕的感覺。比如說：報告完成不了怎麼辦？付出的努力沒有回報怎麼辦？我喜歡的人不喜歡我怎麼辦……我們的大腦其實很難區分不同性質的恐懼，而正是這些各式各樣的恐懼，才導致我們遲遲無法行動，進而無法改變。

唯有克服恐懼，我們才有能力承擔改變所需要付出的代價，進而獲得改變的機會，你會發現不一樣的自己，也會發現自己的能力是無窮無盡的。所以，克服恐懼是改變的第一步。

☆開啟改變之門的不是勇氣，是恐懼

改變，就是勇敢打開恐懼的大門。開門的方法有兩種：要麼直接把它踹開，要麼用鑰匙把它打開。踹門的方式簡單粗暴，指的是以強大的意志力直接戰勝恐懼，或者說是「用更大的恐懼去對抗眼前的恐懼」。這就是為什麼往往那些健康因肥胖而受到嚴重危害的人，反而在減肥方面最有效果。比如糖尿病很嚴重的患者，當醫生告訴他們「再不減重就可能會截肢或危及生命」時，他們往往會產生強烈的動力去改變，因為如果不行動，後果就是致命的。

那麼，什麼樣的人學習動力最強呢？答案是高三的學生、大四的畢業生、即將失業的人……**當一個人看不到出路，或正在命運的十字路口、對未來產生強烈的不安與恐懼時，反而會讓他們更積極地去改變現狀。**

然而，大部分人都是「置之死地而後生」的人，不到最後一刻不採取行動，這也解釋了為什麼那麼多人難以改變——因為大部分人並沒有真正走到懸崖邊緣，並未對現狀產生足夠的恐懼。我的導師羅振宇老師經常被人批評是在「販賣焦慮」，其實他也希望能心平氣和地跟大家講述積極改變的大道理，鼓勵大家多學習才能變得更優秀……然而，光用正面的說教，往往無法讓人產生行動力，只能採取「負面激勵」的方式，喚起人們內心的危機感，讓大家意識到「變則生，不變則死」的急迫性。

透過恐懼來推動改變，其實關鍵不在於告訴對方改變後會有多好，而是要讓他真正感受到，如果不改變，後果會有多嚴重。就好像勸人戒菸一樣，若只是對他說「戒菸對身體好」是沒有什麼效果的，但如果告訴他「吸菸會導致肺癌、造成各種不可逆的健康損害」，他可能會馬上掐滅手中的香菸。因此，「以恐懼去戰勝恐懼」的確是一種改變現狀的有效方式。

☆以終為始：思考與行動的轉折點

對於那些即使不改變也能維持現狀，但如果改變將會對自身發展有所幫助的人來說，我認為以下幾種方法更適合他們：

第一種，替自己立下目標，並公開宣示。我自己就是這樣做的，每當我想做出某個改變，就會在他人面前把目標說出來，把話放出去。當年立志要減肥的時候，我曾說「如果練不出六塊腹肌，就幫每個人儲值一百元電話費」。熟悉我的讀者都知道，我經常透過這種方式「逼」自己行動，因為我很清楚，就算沒有做出改變，也還是能夠過得不錯；但如果改變了，會讓我變得更好。既然外界沒有給我足夠的壓力和恐懼，那就給自己創造壓力。立下目標，就是替自己設計一個「恐懼」，然後想盡辦法戰勝它。

第二種，專注於改變的過程。很多人在設定好目標以後，容易陷入「能不能達成」、「會不會失敗」的焦慮當中。這種患得患失的心態，最終不只會消耗心力，也會浪費寶貴的時間。與其如此，不如把專注力放在當下該做什麼、能做什麼，把時間花在改變的行動上。畢竟，影響結果的因素很多，而真正能掌握的，只有自己的投入與專注。唯有相信並投入在改變的過程中，最終才能看見改變的結果。以減肥為例，與其每天擔心體重是否反彈，不如每天踏實地完成有氧或重量訓練。不妨列個清單，規定自己每天快走一小時或者做幾組的負重深蹲，然後每天認真地完成這些任務。就算最後沒有達到原本的目標，也肯定會帶來一些好的收穫和改變。

第三種，以終為始，把當下作為累積的起點。事實上，我們每天腦中都會閃過無數次想要改變的念頭，但真正決定要付諸行動的，往往是那短短的一瞬間。而那個瞬間，就是改變的起點。就像出門旅行，最重要的其實並不是做出完美計畫，而是先把機票訂好；有了這一步，你自然會開始倒著推算計畫、安排細節。同理，準備出國留學的第一步，應該是先報名托福或雅思，交了報名費，自然會倒數距離考試的時間還有多久，並為這場考試而努力讀書，最後就算真的沒有成功出國，也無所謂，因為你已經為夢想踏出了第一步。

關注成長，比關注成功更重要。關注成長，就是關注每天的日積月累，而非眼前的成就或剩下多少籌碼。**很多時候，所謂的改變，並不是積極高效能的爆發，而是一種「以終為始」的長期準備**。當你能明確知道最終的結果會是怎麼樣、當你清楚知道自己最終要達到什麼樣的結果、知道自己與終點之間具體差距在哪裡，即便一開始的步伐混亂、節奏緩慢，只要持續朝著終點的方向努力，總有一天會抵達。

我身邊那些創業成功的朋友，都是公司成立的第一天，就已經規畫好未來的方向：哪一天要上市、哪一天讓公司被收購，並從那時候開始倒計時。「以終為始」可以確保行動的正確性，在採取行動前，做好全面的分析，並以此推導出正確的行動方案與策略。「以終為始」還可以提高實現目標的效率。因為當你的行動方向明確，在過程中可以少走彎路，減少資源浪費，達到事半功倍的效果。

如果一個人真的想改變現狀，那麼他就必須改變自己的行動。因為行動可以讓人找到自我，讓人不再被動；讓人拋棄過去的拖延與懶散；可以讓人樹立主動積極的態度，也會逐漸強化內心的信念……改變現狀，請從下一秒開始，不要再等明天、更不要等一年，正如那句話所說：「一萬年太久，只爭朝夕。」

第4章

從渺小啟程，以偉大結尾

夢想是對自己未來的盼望，裡面蘊含神奇的力量，
只有行動起來，夢想才不會變成妄想。

和聰明人閒聊，是最聰明的學習方法

去南極之前，我一直覺得這會是一場充滿艱難與挑戰的旅行。

為此，我曾在腦海中構想過許多場景：我們可能會像電影《鐵達尼號》（*Titanic*）裡最底層船艙的乘客一樣，住在狹小的空間裡，大家都睡上下鋪，男女分開住；我們會在甲板上看日出與日落，欣賞暮靄與晨曦，眺望一望無際的深海，仰望漫天繁星；我們將迎接狂風暴雨和巨浪，並隨時做好面對生死考驗的準備……

但是，當我真的登上了前往南極的郵輪才發現，除了眼前壯闊美麗的風景之外，其他想像中的艱險都不存在。郵輪上的住宿條件很舒適，食物也很可口，更令人驚喜的是能夠遇到許多來自世界各地的有趣靈魂。

其中有一位五十多歲、來自以色列的攝影師，名叫Honey，他從小就喜歡偷拿媽媽的相機拍照，長大後還榮獲以色列最具權威的攝影大獎，現在是《國家地理》雜誌的專業攝影師。還有位名叫Sap的英國人，外表非常瘦弱，完全看不出他是英國皇家海軍的退役軍人，他曾經和三位好友駕著木帆船，橫渡全世界最波濤洶湧的德瑞克海峽（Drake Passage）。

每天晚上，能和這些來自世界各地、充滿智慧與故事的聰明人聊天，交流彼此的經歷與見解，讓我的旅行充滿了豐盛的體驗。這些與人相遇、交談的片刻，對我而言，甚至比旅途中所見的壯闊景色更加令人難忘。

☆閒聊，是最不費力也最深刻的學習

我們平時都喜歡和聰明人聊天，而這種「聰明」，很多時候其實是來自於對方能夠「領悟」我們所說的話，能明白和理解我們的觀點和想法。現在有不少人常覺得，除了自己以外，其他人似乎都不太聰明，他們之所以會產生這種錯覺，可能是因為太在意別人有沒有「領悟」到自己話語中的重點，當一個人將此作為判斷對方是否聰明的評判標準時，往往就顧不上發現周圍人身上那些值得欣賞的閃光之處了。

曾經有人問我：「老師，我覺得身邊的人都是一群『垃圾』，我在這群人裡面最優秀，我因此感到非常孤獨，該怎麼辦？」每次遇到這種問題，我通常會提醒對方：「如果你真覺得身邊的人都是『垃圾』的話，你更應該思考的是，你為什麼會離『垃圾』這麼近。」我覺得他身邊的人不一定都是「垃圾」，而是他沒有辦法發現別人的美或智慧罷了，僅此而已。其實，每一個人在談到自己熱愛的事情時，都是聰明人。當你聊到對方的興趣和熱情所在，你或多或少都會有一些收穫。正如孔子所說的：三人行必有我師。

在十六世紀的西方，「與人聊天、說故事」這件事有一個聽起來很高大上的名稱，叫作

「沙龍」。表面上是一種私人聚會，但實際上，它孕育了許多思想史上極具影響力的觀點與火花。即使到了今天，很多歷史悠久的大學裡，依然存在這種非正式的學術交流方式，以「與聰明人閒聊」的形式延續著知識傳承與思維激盪。我們身邊的人，也許不是什麼領域的專家或者大師，但很有可能在某方面具備不容小覷的專長，透過與這些人交流，不僅可以快速獲得實用的資訊和知識，還可以讓並不熟識的人打開心扉，分享他們的故事和人生智慧。

那麼，要如何挖掘他們的「聰明點」、發現他們身上的優秀之處呢？這其實需要一點技巧和方法。比如，你得懂得如何提問、如何引導對話……聊天看起來很簡單，是日常生活中的一問一答，但要真正聊得深入、有價值，問題的設計很關鍵：不能太正式，也不需要太刻意，問題不要限太死，也不要太開放，閒聊的狀態其實最好，因為**一個人的本質、最核心的智慧，往往都是在不經意的閒聊中流露出來的。**

我以前在全國各地辦講座時，都會由當地的新東方老師或者其他的工作人員接待，我總是希望在路上聽他們多講一些自己的故事，不管是自己的興趣愛好還是生活瑣事，那些看似平凡的分享，總能帶給我新的啟發與靈感。當你真誠地與人交談，你會發現其實每個人都有聰明的一面，我們不妨從認真發掘身邊人的智慧開始，學習他們身上的閃光點。

如果你總是待在熟悉的小圈子裡聊天，久而久之就會發現一件事：即使是你心目中認為的「聰明人」，他們身上的故事和聰明之處很快就被了解得差不多，也很快就被學得差不多了。這正是我們需要不斷地擴大社交圈的原因。

網際網路的時代，我們擁有得天獨厚的優勢，能生活在這個資訊如此發達的年代，是一種莫大的幸運，只要你手中有一支能上網的手機，就可以學習到任何知識。網路上有各種各樣的社群，你可以找到志同道合的朋友，也可以與來自各行各業的專家交流、學習。以B站（嗶哩嗶哩）為例，這幾年它的蓬勃發展固然與二次元文化的興盛有關，但更重要的，是得益於某一領域的深度愛好者，他們持續分享優質且有深度的內容，他們分享的知識與經驗，已經超出在書本上所能學到的內容，這正是B站的價值所在。當你在這些社群中與他們進行交流時，其實就是在和這個領域裡面最聰明的人對話。當然，除了B站，知乎、小紅書等知識經驗分享平台也同樣匯聚了大量願意無私分享的人。

網際網路的力量，讓我們和聰明人的距離如此之近，也讓我們有機會從他們身上學到更多的知識、經驗和方法。如果在這樣的條件下，你還在抱怨找不到靈魂上的知己，那很可能說明你還沒真正去善用身邊這些觸手可及的工具與資源。

☆閒聊十分鐘，勝過查資料十小時

不過，再精采的網路交流，也比不上一次面對面的對話與學習。這也是為什麼我非常珍惜每一次線下交流的機會，不管是行業內部人員的聚會，還是某個領域的知名人物所組織的培訓課程，對我來說，都是難得與聰明人面對面閒聊的機會。

十六世紀的西方除了盛行沙龍文化，當時歐洲的各個行業都還有自己的工會。那時，不管是鐵匠工會還是木匠工會，該領域的匠人和專業人士都會聚在一起，彼此分享自身的技巧和心得。而在現代社會，這樣的工會可能轉換了形式，可能是某個微信群組或是一場經驗交流分享會。千萬不要小看這些一次又一次看似平平無奇的小型交流會，很多時候，你在工作中或某個特殊領域中百思不得其解的問題，或許只要在對談中短短的十分鐘，就能讓你茅塞頓開、獲得突破。

像我太太曾有段時間對二手奢侈品非常感興趣，想透過買賣二手奢侈品來賺點額外收入。但是當她真的深入這個領域，了解了一些行業內部的知識後，她才發現原來行業門檻和經營模式並不像她想像得那麼簡單。其實她一開始花了許多時間在網路上搜尋資料，但那些資料雖然看似豐富，卻只是紙上談兵，並不能解答她在過程中遇到的各種疑問。那些資料遠遠比不上一位有經驗的過來人實際的分享，甚至直接進入一間專門經營二手奢侈品的店，和老闆聊兩句收穫都還要更多。

面對面的交流，獲得資訊的效率不僅更高，內容也更實用、更貼近現實。**即便在網路如此**

發達的今天、線上互動再高效，也無法完全取代面對面所帶來的深度連結與經驗分享。

因此，我真心建議大家，無論身處哪個城市，都要盡可能爭取線下見面的機會，哪怕一年只能參加一兩次線下聚會，也許就是那一次的對話，能夠徹底改變你的人生。

☆原來讀書，才是真正的高質感社交

當然，我覺得有一個問題值得我們關注，那就是：和聰明人交流，得要打破空間、地域、維度的局限性。誰說「聰明人」一定得是當代社會的人呢？為什麼不能和歷史上所有的聰明人進行跨越時空的閒聊與交談呢？其實，與古人交流，也是一種與聰明人對話的方式。

那要怎麼跟古人閒聊呢？當然就是閱讀。在很多人的心中，讀書是一件非常枯燥的事情，毫無樂趣可言。甚至有些人認為，好書就該懷著敬畏的心情跪著讀，要把作者放在至高無上的地位上去膜拜，尤其是那些被奉為經典的書籍。面對這些先賢、大家總是不自覺地將他們神格化。

然而我認為，懷著這樣的心態去閱讀，反而難以真正理解作者的本意。把他們視為神明般高不可攀，會讓人覺得他們的思想只屬於遙不可及的天才，因此與自己無關、無法效仿學習。這樣一來，不僅難以領會書中深意，還有可能曲解其中真正的思想。因此，我更傾向於將這些作者當成朋友，帶著輕鬆的心情，與他們「對話」。你可以想像在閱讀的過程中，是在和他們閒談、傾聽他們的觀點。用這樣的方式去讀書，不僅能更容易理解作者的思維與立場，也更容易從中學到他們的過人之處。

孔子說：「有朋自遠方來，不亦樂乎？」無論是身邊的朋友、網路社群的同好、專業領域的專家，或是來自不同時代的先賢名家，我們都可以用心跟這些聰明人進行一場又一場的思想交流。透過閒聊，我們能獲得出乎意料的豐富知識；在不經意間解開深埋已久的困惑；從別人的故事中汲取人生經驗，學習眾多智慧。與聰明人閒聊，是最奢侈的享受。在閒聊中思索、學習、成長，才會真正體會到「不亦樂乎」的快樂與富足。

聽見，是先「見」再「聽」

有個同學最近感到十分苦惱，私訊我說：「我透過練習，現在已經不再害怕在大眾面前開口發言了，但卻漸漸發現，自己還不太擅長傾聽。沒有想到『聽』這件事其實挺難的，卻又不知道該從哪些方面開始努力。」

其實，這位同學發現了生活中一個不常被人發現，卻又總是困擾我們的問題——如何才能真正學會傾聽？其實說來容易，做起來卻並不簡單。

☆「傾聽」，是很稀有的寶藏能力？

當眾發表自己的見解，對許多人來說並不困難，但要真正做到傾聽，卻遠比大家想像中複雜。有些人會說：「我覺得聽其實很簡單，只要不是生理上有缺陷，人天生就會聽，而『說』、『讀』、『寫』這些能力才需要後天學習。」拋開『聽』的其他功能不談，我在教英語的時候，經常告訴學生：語言學習的第一步就是要「聽」，聽其實是最重要的基礎。

語言學習的順序通常是聽、說、讀、寫，很多人誤以為「聽」只要像「灌耳音」那樣一直放著聽，每天聽幾小時英文音檔就好。但我覺得，這種方式的效果其實非常有限，就算你聽了四五個小時英文，如果你完全聽不懂內容，那聽再多也只是像和尚念經一樣，沒有任何意義。想要真正提升英文聽力，就必須克服聽力的四個關鍵障礙，分別是：聽不清、聽不懂、聽不快、記不住。對於一門陌生語言來說，「聽清」是最基本的門檻，只有先聽清楚，才有可能理解內容，如果沒辦法從「聽清」跨越到「聽懂」，那你將永遠停留在語言學習的門外。當能夠聽懂之後，我們才能透過技巧和不斷地練習，逐步解決「聽不快」和「記不住」的問題。

語言學習背後有一整套複雜的邏輯與方法，而我們在生活中的傾聽，同樣也有許多障礙需要克服，我們必須學會聽得清楚、聽得懂，並能夠記住對方所說的話。**傾聽，絕對不是只要有耳朵就能做的事。它可能是全世界最簡單、也最困難的行為之一。**

大家千萬不要覺得只要我人不走，坐在那裡聽就可以。如果真的是這樣，為什麼那麼多學生聽了那麼多年課還是學不會呢？很多人誤以為，只要人坐在那裡、沒有離開，就是在「聽」對方講話。如果真是如此，為什麼還能常聽到有人抱怨：「你沒有在聽我說話。」傾聽要遠比我們想的複雜很多，而那些真正學會傾聽的人，其實擁有超級強大的競爭力。甚至有些職業的核心能力就是「聽懂別人講話」，心理諮商師就是這樣一種職業，有的心理醫師甚至都不需要提供任何實質建議，只需專心聆聽對方傾訴，就能依小時計費，收入高達數百甚至上千元，這個職業的核心能力就是傾聽。

☆「自我表露」是打開對方心防的小撇步

所謂「聽見」，我覺得需要先「見」才能真正「聽」。中文的博大精深就在於，許多深刻的道理早已隱含在字詞之中。既然是「聽」，為什麼還要「見」呢？如果你真的想要聽懂一個人在說什麼，就必須學會察言觀色。事實上，一個人所想要表達的資訊，真正透過語言、文字、語音或語調表達出來的，往往不到三〇%，其餘超過六〇%的訊息，其實是經由肢體語言與面部表情傳遞的。在心理學中，這種表達方式被稱為「非言語溝通」。同一句話、同一個詞彙，因語氣語調的不同、肢體語言與表情的變化，意思可能會截然不同：「你真棒」這句話，如果用簡短有力的語氣說出，的確可能是在稱讚對方；但若語氣拉長，甚至帶有諷刺的表情，那麼語意就完全變了。此時，即便說的是讚美，他想表達的真實意思想必也不難理解。

面部表情其實很難說謊，如果我們想要「聽清楚」一個人的真實感受，與其努力捕捉他語言中的線索，不如認真觀察他的表情與動作。當然，若想讓對方敞開心扉，我們自己也必須先釋出真誠。只有真誠，才能換來真誠。人與人之間的互動，最重要的原則就是坦率與真心。很多人總覺得對身邊的人不應該說真話，說了反而容易引起誤會或衝突，但換個角度想：如果你把自己封閉成一顆堅硬的核桃，根本敲不開，你又怎麼能指望對方願意成為一顆柔軟的葡萄來面對你呢？

我見過真正擅長傾聽的那些人，從不會直接說：「來，你說吧，我來聽。」他們反而會先分享一些自己生活中的趣事，或是無傷大雅的糗事，都是些聽起來好像並不那麼「高大上」的事情，卻往往能拉近彼此的距離。這種做法，在心理學中被稱為「自我表露」。

如果你也希望透過自我表露來促進與他人的交流，那麼在和對方剛認識、還不太熟的階段，可以從輕鬆的話題開始，例如：分享自己的興趣或個人嗜好，像是喜歡吃甜點還是偏好重口味；喜歡聽什麼樣的音樂，民謠還是搖滾，爵士還是古典；或者聊聊喜歡的小動物，是貓派還是狗派……這些看似無關緊要的小話題，其實最容易找到共鳴點。等彼此熟悉後，再慢慢延伸到一些社會議題的看法，例如對「內卷」或「躺平」的態度、對未來的期待、對自我的評價等。在分享的過程中，如果有共同的興趣或共鳴，就會迅速拉近你們之間的距離。

即便兩人之間沒有太多共同點也沒關係，可以從分享生活中一些「倒楣事」開始，與完美無缺的人相比，那些偶爾犯點小錯的人，反而顯得更親切、更可愛。不過，在進行自我表露時要注意一件事，就是自我表露的目的是為了傾聽與交流，而不是讓自己說個不停。因此，要以**「傾聽」為最終目標，適當地分享自己，引導對方說話，而不是占據談話的主導權。**

☆讓對方願意繼續說下去的小動作

那麼，我們究竟該如何學會傾聽呢？

其實，**你在傾聽別人說話時所展現的反應，或多或少就能夠說明你是否有用心在聽。**

最基本的傾聽禮儀，是放下手機，並根據對方表達的內容，適時地點頭、回應對方的話語。這些看似簡單的動作，其實正是在傳遞：你正在認真傾聽，也正在理解對方所說的內容。對方能透過這些反應判斷你吸收了多少、理解了多少。在這個溝通的過程中，我們經常會運用表情、語氣、姿勢甚至是眼神，這些都屬於「非言語溝通」的範疇。其實當兩個人對話時，傾聽者就像雙人舞中的另一位舞者，必須根據舞伴的節奏與動作做出適當的回應與配合，彼此才能共舞出一段真正有互動、有感受的對話。

你做出的回饋越全面、越豐富，對方的表達也會更生動、更具體，越能呈現出他內心真實的情感與想法。甚至還有些業界大佬在傾聽時，會特別準備筆記本，每次交流都會把對方的話記下來。雖然他們不見得會把內容全都記下來，但單單是這個舉動，也足以讓對方感受到被重視與尊重，認為你是一個認真且真誠的對話者。

☆為什麼聽懂了，卻還是讓人不舒服？

這時候，大家可能都會有這樣一個問題：當我們聽完對方的話以後，是否應該立刻給出建議呢？其實不見得，有些時候我們並不清楚對方整體的情況，他在說的時候，也不一定有把所有情況都告訴你，如果急著給出建議，反而會讓對方覺得你根本沒有認真聽進去。有些人在傾聽的過程中，聽到某個關鍵點或細節，就會忍不住打斷對方，這樣的行為其實並不可取。

如果要讓傾聽達到良好的效果，第一步就是「不要中斷」，不要太糾結對方話語中的細節，因為這些細節有可能並不重要，甚至毫無實際意義。**傾聽中很關鍵的一點，是要讓對方把話說完。**

我就有過這方面類似的教訓。有一次，我太太向我抱怨，每次她和我說話時，才說到一半，我就會打斷她。其實當下我只是想快點幫她解決問題，在我察覺到問題的關鍵所在時，就會直接打斷她，開始講我的解決方案或建議。但往往越是這樣做，她就越生氣，最後甚至導致更大的衝突與矛盾。後來我才意識到，如果我能靜下心來，好好聽她把話說完，關注她真正想要表達的內容與背後的情緒，不急著給建議或解決方法，甚至在最後說句：「我也不知道該怎麼辦……」反而會讓對方聽了以後覺得心裡更舒服一些。因為這代表，我接納了她的煩惱，也承認她的問題是真實且不容易解決的，她的情緒被我看見了，也被我理解了。

還有一點我們要特別注意：千萬不要替對方說出他尚未表達的話。就像我覺得自己知道她第五句要說什麼一樣，其實這可能是一種帶著偏見、預設立場，甚至是下意識散發優越感的傾聽方式。真正好的傾聽者，不是急著給出答案的人，而是不急不躁、願意接納對方情緒的人。當然，如果你本來就是一位德高望重的大師，對方來找你本來就是為了尋求建議的話，那你或許不需要花太多力氣練習傾聽。如果你是這樣的大師，現在還願意讀我的書，那我由衷地感謝你。

傾聽不易，真正「聽見」更難。我希望我們都能一起學習如何真正地傾聽——傾聽他人的真情，讀懂他人所藏的真心。

學習牛人的思考方式，是自我提升的必經之路

前幾天我看到一篇探討中國飯局文化的文章，裡面說：「飯局或許是每一個中國人都無法避免的社交活動。」這話說得一點也沒錯，在我們的生活中，不論大事、小事、正經事還是閒事，都可以在飯桌上攤開來解決。但我對某些無聊的飯局感到排斥，幾個不太熟悉的人硬湊在一起，話題既談不深也聊不透的場面，讓人倍感尷尬，我尤其受不了那些男人們坐在酒桌上口沫橫飛地吹牛。他們似乎總能侃侃而談、指點江山，從歷史聊到文化，從全球經濟聊到地緣政治，最後對全世界的局勢做出評論，但真要他們身體力行、落實一件事時，卻又什麼都做不到。

這類的飯局，我已經好多年沒去參加了。雖然我不能保證自己未來永遠都不會去參加這類的飯局，但我會盡量避免參加只是吹牛的局。我不喜歡聽人吹牛，更不喜歡愛吹牛的人；但我敬佩有實力、有想法的「牛人」。

相信大家心中也都有自己敬仰的牛人，那麼他們都是怎麼思考的呢？在我看來，所有真正優秀的牛人，他們的思維至少具備四個維度：深度、寬度、高度與溫度。

☆牛人的共通點：對領域的透徹理解

我們若想向牛人學習，最簡單的方式就是培養自己更深層的思考能力。這樣的「深度」，其實就是對自身所從事的行業深入思考，對某個問題有更透徹的見解與體悟。如果你平常做事只是機械式地完成上級的要求，自己絲毫沒有任何的學習欲望與好奇心，那很顯然地，你就不可能產生任何有深度的思考。

任何領域的牛人，都會對自己所在的領域有極為透徹的理解與掌握。這種透徹的理解，不是機械式的學習，不是靠強迫輸入，而是一種由內在驅動的主動挖掘與長期專注的探索。正如《紅樓夢》裡說的：「世事洞明皆學問。」任何一件看似尋常的小事，只要你願意深入思考，便能在其中發現深刻的道理與哲理。比如做飯這件事，若你研究得足夠深入，甚至可以從中參透些許哲學和人生智慧。

我有位朋友，是北京城裡著名的廚師，他對烹飪的講究程度，讓人歎為觀止。他煮的米其林頂級菜肴，其美味程度自然不必多說，但就連我們平時最常見、最簡單的蛋炒飯，他都能夠做到讓人驚豔的程度：用來炒飯的白飯，不能讓它在鍋中悶熱太久，要在常溫下放涼，讓多餘的水氣散去；飯要用手一粒粒揉鬆，確保米飯粒粒分明；烹調時要先把飯炒熱，再倒入蛋液，這樣才能炒出金黃均勻、呈現「金花」的效果；調味時也不能直接撒鹽，而是要先將鹽溶入蛋液中，使味道分布均勻，才能完美入味……

舉這個例子，並不是要教大家如何做蛋炒飯，而是想告訴你：只要用對方法，哪怕是最普通的食材，都可以煮出令人驚豔的美味佳餚。**只要我們思考得足夠有深度，即便是平凡的你我，也有可能成就不平凡的人生。**

其實，一般人若想提升自己的思考深度，並不需要一開始就啃讀哲學經典或晦澀難懂的文章，而是應該從身邊的小事著手。那些真正的牛人，往往都是在自己擅長的領域中，從某個具體的點切入，長期且深入地思考並付諸實踐，從而達到他人難以企及的高層次境界，成為超越常人的高手。

因此，只要我們願意把手上的工作做到極致，自然就能夠看到別人看不到的細節，日復一日的思考與磨練中，逐漸建立起屬於自己的深度。

☆學會一項新技能，二十小時就夠了！

思考的寬度，其實是最容易被人誤解的面向。許多人都覺得涉獵廣泛是件好事，於是認為拓展思考的寬度，就該什麼都看一看、學一學。但最終卻變成了什麼都懂一點，卻什麼都學不精。這種「假寬度」就像在短影音平台上不斷瀏覽影片，看似接觸了許多新鮮事物，實際上卻總是停留在一知半解的階段。久而久之，便只剩人云亦云，自以為掌握了很多知識，實際上卻什麼都不懂。

真正有效拓展思考的寬度，最實用的方法就是「二十小時法則」。大家可能都聽說過「一萬小時定律」，這個定律是作家麥爾坎・葛拉威爾（Malcolm Gladwell）在《異數》（*Outliers*，繁體中文版由時報文化出版）一書中的觀點：「一個人若想從普通人變成某個領域的大師，需要經歷至少一萬小時的磨練。」

牛人之所以能成為牛人，未必是因為天資過人，更有可能是他們長期付出努力的結果。

成為專家需要一萬小時，但我們若想學會或掌握一項技能，並不需要花費那麼多時間和精力，遵循「二十小時法則」就夠了。只要你能專注、認真地投入二十小時，就有可能掌握一項全新的技能。如果每天練習四十五分鐘，大約一個月就能完成；如果你能一整天投入學習，甚至一個週末就足夠了。這個法則適用於任何事情。所以，如果你真的想要成為一個涉獵廣泛的人，最起碼要保證自己在每個接觸的領域中，都投入至少二十小時的認真學習，從而達到基本的理解與實踐能力。所以千萬不要只是停留在簡單的「了解」階段，要認真投入進行學習。

另一種有效拓展思維寬度的方式，是參加牛人的交流聚會。在這樣的場合中，多和來自不同背景的人聊天、請教，往往能獲得意想不到的收穫。我有個朋友甚至每個月都會舉辦一次「思想夜宴」，邀請各行各業的牛人，一同交流觀點、分享心得。

透過這樣的方式，能讓視野變得更寬廣，一方面可以讓我們變得更多元，另外一方面也能跳脫所謂「知識的詛咒」，有時當我們在自己的專業領域鑽研太深時，反而可能對其他領域無感，甚至認為別的知識與自己無關。

然而，當你試著去了解其他領域時，就會驚喜地發現：如果真的想把自己的領域做好，往往需要具備讓外行人聽懂你在做什麼的表達能力。這種跨領域的溝通，不僅能夠拓展你的思考寬度，也能幫助你了解如何在最短時間內，讓更多人了解你所做的事情。

☆屁股決定腦袋？腦袋才是先行者！

古人說：「站得高，看得遠。」而現代人經常說「屁股決定腦袋。」意思是，坐在什麼樣的位置上，腦中自然就會有與那個位置相符的思維方式與視角。不過，那些真正厲害的人，並不是一開始就坐在很高的位子上，那他們究竟是如何培養更高層次的思考能力呢？其實答案很簡單，那就是——他們在「屁股」還沒坐上高位之前，就已經學會如何主動提高思考高度。

我觀察到，所有在職場上能夠脫穎而出的人，往往有個共同點：在主管尚未要求他們用全局視角思考的時候，他們就已經主動站在主管的高度去思考問題了。相對地，那些總是無法把事情做好的員工，常也有一個共通問題：他們只願意在自己職責範圍內思考。事實上，永遠都是職位匹配你的思維高度，而不是等你升上某個職位後才開始學著用那個職位的思維方式去思考。說白了就是：如果你需要別人來告訴你該提升思考高度，那代表你很可能永遠無法提高自己的格局。

我還發現，**牛人的思維有個特點，這也是他們與普通人之間非常大的差別——他們特別善於認錯**。他們知道時間是流動的，歷史是不斷發展的，所以他從來不會害怕被「打臉」，錯了就是錯了。反觀那些並非牛人的人，則容易固執己見，看不清自己的問題，甚至明明知道自己錯了，卻因為面子問題而硬撐到底。

當你站得足夠高，就會發現思維是在不斷變化的。要提升思考的高度，一方面是要放下只關心自己的小格局，轉而去思考團隊、組織，甚至整個社會與全人類的利益；另一方面，是要突破現在的視角，站在歷史的角度去看待問題，盡可能將自己的視野放得更遠。說到這裡，你可能會想：「這不就是要讀歷史嗎？」沒錯，是要讀歷史，但也不全然是這樣。中國古代的思想家們早就強調讀史書的重要性，但我覺得讀歷史只是其中一個方面，所謂站在歷史的角度上去思考，不僅僅是緬懷過去，更是從歷史中學習，再進一步看見未來的可能性。

站在歷史的角度提升思考高度，不只是一味地崇古、貶今，把現在一切都當成「垃圾」來否定。如果你陷入這樣的偏激態度，反而是在思維的高度上「翻車」了。真正有思考高度的人，是那些能夠從過去汲取經驗，在當下做出判斷，並且懷抱未來願景的人。

☆有溫度的思考，才是改變世界的力量

思考的溫度，其實就是一種人文關懷，也是一種博愛的體現。

這聽起來好像有些抽象甚至很虛假，但這個世界本來就不是一場你死我活的生死遊戲，真正健康的社會應該是追求共好，是「雙贏」而非「零和」思維。我們要做的，不是爭奪有限的資源，而是思考如何讓蛋糕變大，讓更多人能夠一起分享成長的成果。

真正的牛人，是那些能夠開創新領域、讓整個行業受益的人。他們不是靠踩著別人往上爬，而是靠打開一片新天地，讓更多人都有機會一起往前走、一起變好。比如羅振宇老師，正是他開創了「知識付費」的先河，讓許多人因此找到新的職業定位與收入來源，例如說書人、圖書解讀者、線上課程講師等。如果他當初只是想著「所有人都來我這聽課，我一個人賺錢就好」，那他現在也無法到達今天的高度。任何一個行業的開創者，都希望為整個行業創造更大的發展空間。如果你發現自己所在的行業裡，所有人都像豺狼虎豹一樣拚得你死我活，那我勸你早點考慮離開這個行業。因為在比狠的世界裡，會有很多超出你認知的狠角色，這場「比狠的遊戲」不管誰贏誰輸，甚至是兩敗俱傷，你都會感到疲憊與悲哀。

所以，我希望你的思考是有溫度的。去愛這個世界，去關心人類，去關懷身邊的人，因為唯有如此，你才能真正地愛自己。

若你問我：「該如何像牛人那樣去思考？」我會告訴你：**「從最基本、最容易做到的『思考深度』來實踐，不斷提高自己在某方面的能力，然後再增加『寬度』，學會站在更大的格局與歷史的角度思考，最後，別忘了注入『溫度』，讓思考不僅有力，也更有情感、有靈魂。」**

向失敗者學習，是成功者的共性

在我多年的英語教學生涯裡，我認為最有效的教學環節，就是讓學生進行一對一的發音糾正訓練。然而，受限於課堂時間，不可能讓每位同學都參與進來，當我與某位同學進行訓練時，其他幾百位，甚至幾千位同學就只能在一旁聽著我們一對一的訓練過程。有同學就曾問我：「老師，是不是只有被點到的人，才能夠進步啊？」我總是這樣回答他們：「其實並不是這樣的，當你在旁邊聽到別人錯誤發音時，其實你自己也可以修正，而且效果往往非常好。」

我當年在北大讀書時也是如此。我們每個班的人數都不算少，因為每堂課時間有限，老師每節課只會請一到兩位同學上台進行發音糾正，但每次聽到其他同學出現發音問題的時候，我們也都會對自己的發音進行檢查和改進。

孔子說：「見賢思齊焉，見不賢而內自省也。」看到別人的優點，我們應當努力趨近；看到別人的不足，我們也可以反思自己的缺點。透過他人的錯誤來提醒和修正自己，這樣帶來的進步，往往是最快速而且最有效的。

學英語也是如此，人生的其他方面又何嘗不是呢？如果我們凡事都要親自犯錯才能領悟成長的話，那人生的路該走得多坎坷啊！

☆成功者的祕密：避開別人曾犯的錯

如果說成功的人之間有什麼共同點的話，那就是：他們都喜歡向失敗者學習。股神巴菲特的合作夥伴、亦師亦友的查理・蒙格有一句經典名言：「如果我知道我即將死在哪裡，我一定不去那！」這句話的核心思想，就是要避免犯錯，如果能夠避開所有曾讓他人跌倒的坑洞，那麼，離成功也就不遠了。

清朝政治家曾國藩曾說過：「天下古今之庸人，皆以一惰字致敗；天下古今之才人，皆以一傲字致敗。」意思是，從古至今的失敗者只有兩種，一種是資質平庸的人，他們因為懶散而敗；而另一種是有才能，但因為驕傲自滿而跌倒的人。這兩種人失敗的原因雖然形式不同，但本質上都來自對自我的鬆懈與誤判。

古代的聖賢在教導孩子或弟子的時候，往往不是只教他們如何成功，而是反覆強調從前人的錯誤中學習。研究別人的失敗案例，往往比鑽研成功案例有用得多。很多時候成功的方法並沒有那麼複雜，我們只需要避免重蹈覆轍、避免做前人已經做過但失敗的事。

然而，現代人卻常常忽略了這一點的重要性，我們習慣追逐成功者的成功故事和勵志雞湯，總想從他們的成功模式中找到捷徑。然而這些成功故事不會給我們帶來多大收穫，**真正的成功學並不是只有「成功」這個目標，而是能夠冷靜分析並學會如何「避免失敗」，這才是真正的成功學。**

☆你看到的是成功光環，還是錯誤掩埋的真相？

為什麼說能避免失敗，才是真正的成功學？從最基本的層面來說，所謂的「成功人士」往往不會把他們成功的真實原因告訴你，你認為的成功和他實際上成功的內在邏輯之間，可能差了十萬八千里。

有些所謂的成功人士，在自己爬上高處後，反而會把「梯子」踢倒，然後告訴你，他是從另一條路上來的。但這種人一般不會成功太久，因為他有太多見不得人的祕密。還有另外一些人，他們可能並非刻意誤導大家，而是他自己也不知道自己成功的原因是什麼。很多時候，一個人的成功很有可能只是運氣好，剛好踩在風口上罷了。真正有價值的研究，是去觀察那些能夠長期保持成功的人，深入了解他們是如何在面對變化與挑戰時不斷修正、持續成長，從而站穩腳步的。這類人往往會經常回顧自身與身邊人的失敗經驗，從中不斷總結教訓，提煉出值得依循的經驗。

作為一名老師，我不斷要求學生去整理自己的錯題本，無論是學習英語，還是學習其他的科目，都應該學會「從錯誤中成長」，可以給自己改錯，也可以給別人改錯，從錯誤中取得的進步，往往比從成功中得到的還要來得快速和深刻。

天底下哪來那麼多成功案例？成功的背後往往是「一將功成萬骨枯」，畢竟成功的機率非常小，我們之所以能看到這麼多成功的案例，是因為落入了「倖存者偏差」的陷阱，江湖上流傳的總是成功者的傳奇，他們往往被描繪得英明果斷、堅持到底、無畏險阻。然而，這些故事對你是否真的有意義？當我們談論成功學時，總是聚焦在世界上最成功的企業家，如比爾．蓋茲（Bill Gates）、馬克．祖克柏（Mark Zuckerberg）、伊隆．馬斯克……如果我們只關注他們是如何獲得成功的，也許會被他們成功的光環給迷惑，也就看不到曾與他們站在同樣起跑線的其他創業者最後的遭遇了。比如比爾．蓋茲和馬克．祖克柏都從名校輟學，倖存者偏差會讓你傾向於追隨他們的腳步去勇敢創業，卻忽略了同樣輟學創業但最終失敗的人們的故事。

如果你願意反過來觀察失敗者，你會發現失敗者的經歷都很「透明」。成功者的經驗你可能無法複製，但失敗者的教訓卻能讓你避免踩雷。成功可能要湊齊九十九個必要條件，但失敗往往只要一兩個致命因素就足夠了。**成功也許有很多相似，但每個人的失敗卻各有不同，當你累積了足夠多的失敗案例，自然就能逐漸避開那些最大的坑。**

就以諾基亞（Nokia）手機舉例，它曾代表一個時代，卻好像在一夜之間消失了。諾基亞的失敗表面上看來，是因為它未能及時轉型；實際上，它是被自己的優勢困住了。當一家公司因為原有優勢而陷入路徑依賴時，反而會錯失轉型良機。諾基亞雖然早早喊出「擁抱網際網路」的口號，但沒有落實執行，再宏大的戰略也終將淪為空談。

對於我們個人來說，面對機遇和挑戰，只有勇於面對，敢於嘗試，不折不扣地去執行，才能抓住機遇，迎接挑戰。我研究過很多高考狀元的案例，他們起初都非常優秀，但進入大學以後卻慢慢變得平庸，甚至失去方向，有的人在工作以後就失去了原有的風采。因為他們過去成功的光環實在太過耀眼，反而成為限制他們前行的枷鎖，讓他們不敢嘗試新挑戰，逐漸變得平庸無奇，最終走向「一條路走到底」的困局。我們可以從這種失敗案例中學到一點：不要輕易模仿別人的成功，更不要讓過去的成功成為未來的絆腳石。

☆真正了不起的，是跌倒後還能再站起來

當然，一些失敗者的經驗和教訓對我們而言是一種寶貴的警醒。例如，有些人過分暴露自己的弱點，或者過分相信自己，最終導致嚴重後果。每年我都喜歡看一看中國投資圈的「十大失敗案例」，這些案例中，有些人只是造成巨大的虧損，而有些人則落得家破人亡的悲劇。這些失敗者當中，有不少人在前面九十九次投資中表現得非常出色，但往往就是那一次的失敗，讓他們變得一無所有，這樣的情況往往出現在他們沒有掌握「反脆弱」思維的情況下。所以我時常提醒自己，在投資的時候，尤其是面對大額投資時，千萬不能有孤注一擲的行為，要讓風險保持在可控範圍之內，才不會因一時失誤而全盤皆輸。

在學習失敗者案例的時候，我們應該特別學習那些經歷過人生轉折、先成功後失敗，或者是先失敗後成功的例子，這樣的人生軌跡，往往比單一成功更值得我們學習與借鑑。

賈伯斯在二十多歲時成立了蘋果公司，成為商界矚目的天才人物，但他在三十歲的時候，卻被自己一手創立的公司解雇了。當時，他成為矽谷乃至全世界的笑柄，但在接下來的五年裡，他又創立了NeXT公司和皮克斯動畫工作室（Pixar Animation Studios）。皮克斯後來推出了全球第一部全電腦動畫電影《玩具總動員》（*Toy Story*），而NeXT後來也被蘋果收購，他本人重

返蘋果公司，並帶來了iPod等劃時代的產品，這些產品中所使用的技術正是他在NeXT時期研發的成果。如果當年沒有那場被迫離開蘋果的風波，這一切都不會發生。像賈伯斯這樣從成功走向失敗，又從失敗中再度崛起的人，其所經歷的轉折與蛻變，遠比單一的成功更具啟發性。

所以，**與其看某一個人短暫的成功，不如深入了解那些曾經歷過跌宕起伏、仍能不斷成長、實現多次蛻變的人生。**

☆想成功？先搞懂這兩件事：成功者的共性＋失敗者的教訓

或許每個人心裡都曾想過一個問題：「一個人之所以能成功，到底是他用對了方法，還是有其他的原因？我們又該如何判斷這個方法是否真的有效？這時，就需要藉助最基本的統計學，進行運算、計算成功的機率，這也是我在本書要告訴大家的──**我們要堅持並盡可能去做「成功機率較高」的事。**

研究成功案例時，關鍵要抓住「共性」。幸福的家庭都是相似的，但不幸福的家庭則各有各的不幸；失敗的原因有無數種，但成功者的共性可能就那麼幾個。如果要學習成功者身上的方法，就多研究他們的共性，舉例來說，大多數成功人士往往都是樂觀主義者。

雖然悲觀主義者擅長未雨綢繆，但真正改變世界的往往是樂觀者──即使世界有黑暗，也依舊選擇熱愛。樂觀主義者不會因為一次挫敗、一次走偏就徹底一蹶不振，他們的「逆商」非常強大，這正是所有成功人士的共性，也是我們應該學習的特點。

同時，我們也要了解每個失敗者的案例。把他們的失敗經驗和教訓當作「錯題庫」，逐一收集起來並反思；再將成功者的共性當作「指南針」，把失敗者的教訓化作「排雷地圖」，提醒自己避開陷阱。如此一來，你我都能夠離成功更近一些。

我想自己也算是一個樂觀主義者，無論我這一路經歷過什麼，我仍願意選擇相信：相信未來，相信改變。保持對夢想的熱愛，堅持奮鬥；很多人因為「看見」而「相信」；而我，因為「相信」而「看見」未來！

再小的行動，都是邁向夢想的一大步

在前面的章節裡，我曾跟各位分享過：「我覺得非洲人都很快樂。」其實，還有另一群同樣快樂的人，那就是幼稚園的孩子。

若要說幼稚園的孩子和非洲人有什麼共同特點，最明顯的就是他們永遠在「動」，從來不會花太多時間去思考。想一想，四、五歲的小朋友是不是充滿了幹勁，他們總是很有活力地跑、跳、不停說話，腦袋想到什麼就去做，隨時都能雷厲風行，一直停不下來，像一部不知疲倦的永動機……小朋友還會有很多你不能理解的奇怪行為，如果一個小朋友給她的洋娃娃餵水、餵飯、量體溫，還帶著一起睡覺、上課、上廁所……當你問她：「為什麼要帶著洋娃娃做這些事？」她多半會理直氣壯地回答你：「我就是要做這些！要你管！」

「要你管」三個字鏗鏘有力。也恰恰說明，很多時候，孩子們做事往往不需要太多理由，他們總是在不斷行動，透過行動擴展自己的能力邊界，從而找到真正感興趣的事物。作為成年人，我有時真的很羨慕孩子們的行動力，正所謂「初生之犢不怕虎」。反觀成年人，害怕的不僅是「虎」，更擔心內心的那個「魔鬼」。只要心魔未除，就無法開始任何行動。

為什麼我們不能像孩子那樣想到就去做？問題往往不在能力，也不是惰性，而是我們被自我設下的恐懼牢籠困住了。當我們過度凝視深淵，最終會發現：真正困住我們的，是自己。

☆想加速升級？找「教練」就對了！

深淵本身不可怕，坑底也不足為懼，真正可怕的是待在坑底卻不肯起身。很多朋友都認為我的行動力驚人，因為我一直不斷嘗試各式各樣的新事情。

其實我和多數「牛人」一樣，並非天賦異稟，只是懂得運用一個小技巧——替自己找一位「教練」。如果想要提高某方面的能力、讓自己立即行動起來，我認為首先要去尋找能夠不斷激勵自己前進的教練。你還記得自己行動力最旺盛的時刻是什麼時候？不少人會說是考研究所、搶圖書館座位的時期，但最多的答案仍是高三的時候。

為甚麼高三的時候特別有行動力？因為每一門學科後面，都有老師緊盯進度、隨時督促；你就算想偷懶，也不敢停留太久，否則老師馬上「揮鞭催趕」。所以我想，作為成年人的我們也可以為自己聘請幾個老師，或者我覺得「教練」這個稱呼更恰當，在教練的鞭策下使自己得到提升。

有時候，我們之所以缺乏行動力，其實不是因為懶惰或能力不足，而是因為面對未知時感到迷惘。我們不知道自己的方向在哪裡，看不到自己身上的長處和缺點；有時覺得自己已經準備好了，卻又覺得還差了點什麼……而一位好的教練，對於渴望成長與突破的我們而言，就像是燈塔與指南針，不僅能為我們指引明確的方向，也能照亮前方的路。教練是一面鏡子，幫助我們發現自己身上的優勢和劣勢，為我們的行動提供精確指導。教練更像是催化劑，能加速我們的學習過程，提升我們的行動力和執行力，讓我們更快地實現目標。

所以，如果你總覺得自己缺乏行動力，最直接的方式就是砸重金為自己聘請一位能驅使自己不斷前進的教練。一旦你找到了這樣的人，我相信，你內心的潛能將被真正喚醒，行動將不再徬徨，心中也會充滿前行的力量。

☆「赤子之心」是行動力最強大的燃料！

沒有行動的夢想，只能被稱為妄想。當然，被強迫行動始終是一件不愉快的事，如果過分逼迫自己去行動、對自己施加過多壓力，反而會導致壓力過大、身心俱疲。

有一段時間，我每天晚上只能睡三個小時，閉上眼、睜開眼想的都是接下來要做什麼，我太太經常抱怨我把自己逼得太緊，讓自己活得太辛苦、壓力很大。所以我開始思考：如果行動力有分段位的話，那麼最初級的段位，就是不斷靠外力督促和逼迫自己前進，好不容易才能實現一個目標。我們如何能邁向更高的段位呢？後來我發現，**若想擁有更高層次的行動力，就需要擁有孩子般的初心：不管結果如何，單純為了行動而行動。**

為什麼說孩子的行動力強？因為他們不在乎失敗的結果，只要感興趣，他們就願意一次又一次地嘗試。而成年人行動力差，很大一部分原因是，我們總害怕事情做不好會丟臉，會對不起自己心中設下的高標準。對結果有期待很正常，可是我們往往被那份期待綁住手腳。

我在課堂上經常被學生問：「老師，我應該怎麼把英語學好？」我總是回答：「其實學習英語很簡單，只要每天早上起床後，大聲朗讀半個小時，堅持兩個月，就會有很明顯的進步。」但學生接下來問的問題，往往不是「老師，接下來我該怎麼堅持？」而是在還沒開始前就問：「老師，萬一我堅持了兩個月，卻沒有變化怎麼辦？」每當聽到這種問題，我都會覺得很心痛，因為他們還沒有開始行動，就在預想行動失敗的結果。事實證明，凡是願意堅持晨讀兩個月的人，幾乎都有所改變，真正認真的人，進步的機率至少有八成。而那些沒有變化的人，往往就是一開始就懷疑這件事是否有效的人。

心理學將這個現象稱為「自證預言」，人會不自覺地根據預設的信念來行動，最終讓這個信念成為現實。所以當你認為做某件事情都不會有成效的時候，你自然就不會付諸努力，而結果也就如你所預想的，一點成效都沒有。正因如此，很多時候我們之所以不願意採取行動，其實並不是因為不會做或是不想做，而是因為心裡預設了「做什麼都是徒勞」的結果。不過，這跟《薛西弗斯的神話》（*Le Mythe de Sisyphe*）中，永無休止地把巨石推上山頂的徒勞不太一樣，你真的認為薛西弗斯徒勞無功嗎？我倒覺得，他或許是在享受將巨石推上山頂的過程，說不定薛西弗斯本身就是個孩子。孩子玩泥巴或滾石頭，這些行為從大人的角度看不出任何意義，但他們就是樂在其中，也不在乎別人的眼光。當你開始做某件事時，能達到這個境界的話，你的行動力就會變得無比強大。

那些在各領域做到頂尖的人，幾乎都具備這個特點，都有像孩子那樣「玩世不恭」的心態，他們更關注做這件事情本身的過程。赤子之心的可貴，不僅在於純真，更在於能從行動中獲得樂趣，讓探索變得自然，讓奮鬥充滿熱情。

☆小動作，大改變：降低行動門檻，戰勝拖延

如果說，提升競爭力最簡單的方法是「斷自己的後路，找人逼自己」，而境界最高的做法是「找到孩子般探索世界的初心，享受行動本身的樂趣」，那麼，有沒有介於這兩者之間的第三種方法呢？我想是有的，我們不妨試著把所有的任務想像成一盤沙拉，或一道甜點，又或是任何一種美味佳餚，我們要做的就是像廚師那樣，把所有食材搭配在一起，融合營養和美味，使其發揮最大的效力。

事實上，很多時候我們為了營養均衡，會把很難吃與美味的食物一起吃下肚，或是透過合適的烹調方法加以調味，讓它變得不那麼難以下嚥。就像清炒苦瓜很難讓人接受，但做成苦瓜煎蛋，相信多數人都能很愉快地享用。所以我們在行動的時候，可以把「不想做的事情」和「想要做的事情」搭配在一起，把**「意義重大但難以完成」和「意義不大但很簡單」的事情搭配在一起做，藉此降低心理負擔，提高行動意願。**

我們之所以對某些事情提不起勁，或者行動力比較差，多半是因為內心深處抗拒那些工

作。每個人都有自己特別排斥的事情。有些人不喜歡寫報告或與客戶對談，偏好一個人獨力思考；也有人熱愛與人溝通、互動，卻對需要規畫、統整、撰寫的工作感到煩悶，比如填表格、寫回饋紀錄或分析報告。我們都希望自己的每一份工作、每一個行動都是自己百分之百熱愛的，但這種機率真的很低。

事實告訴我們，就算是擁有世界上最完美工作的人，也會有些內容是他們不想做的。即便是像梅西（Lionel Messi）和C羅（Cristiano Ronaldo）那樣頂尖的足球明星，雖然他們很熱愛足球，卻很討厭長跑訓練，而作為足球運動員，高強度的比賽必須擁有強大的心肺功能，長跑便成了無可避免的訓練。再比如說飲食方面，C羅雖然已經是足壇最知名的球星了，但他每天依然執行非常嚴格的飲食管理，他的隊友們便曾抱怨，一點都不想去他家開派對，因為桌上擺的都是蔬菜沙拉和蛋白棒之類的食物，無味至極。難道C羅真的喜歡吃那些東西嗎？不見得。他之所以能咽下那些苦，是因為他知道，苦澀的背後還有甜美的成果。堅持自律而帶來的成效，可以在運動場上發揮作用，這個痛苦的過程，在目標面前就不那麼苦了，甚至非常有意義。

還有一種提升行動力的方式，就是我之前提過的「微習慣」，你可以每天給自己安排一個小到不能再小的任務，作為啟動行動的開始，比方說，每天只做「一個」伏地挺身。那麼當你趴在地上，擺好俯臥撐的姿勢，這其實已經完成了整個動作中最困難的一步。因為對多數人而言，最難的並不是做伏地挺身本身，而是趴在地上，然後擺好姿勢。所以當你完成了最難的環節之後，你就會想，不如再多做一個……因為你知道，一旦你已經擺好了那個姿勢，後面就可以開始順勢做下去了，而我們的大腦正是需要這種欺騙性行為。同理，你也可以定一個「每天只讀十頁書」的計畫，十頁不多，容易實現，但一旦開始讀，很可能會一口氣讀完二十頁、甚至更多，很有可能你一週就能讀完一本兩百頁的書。

所以如果你有一份二十頁的報告要完成，那就先告訴自己「今天只要完成五分之一就好。」設定一個容易實現的目標，是為了讓身體和大腦盡快進入工作的狀態，當你完成這五分之一以後，大腦就會分泌一點多巴胺，讓你感覺到微小的成就感，並促使你持續進行下一階段工作。但如果你一開始就告訴自己：「今天非得把這二十頁全部寫完，不寫完的話就不睡覺！」那麼大腦很可能會立刻對這個任務產生排斥，你的行動就容易半途而廢或無限拖延。這大概就是所謂的「萬事起頭難」吧，所以我們在做任何事時，最重要的就是開個好頭。

☆以渺小啟程，以偉大結尾

能讓一個人持續產生行動的最高境界，其實依然是那個我們已經說到爛，但依然在使用的詞——夢想。**夢想是對自己未來的積極盼望，裡面蘊含了神奇的力量。只有行動起來，夢想才不會變成妄想。**

夢想所產生的行動力是很驚人的。在學生時代，老師可能問過你：「長大之後，你想成為什麼樣的人？」這時候，你的夢想是對自己有更深入的認知與探索；如果你曾做過職涯諮詢，諮詢師大概會問：「五年後，你最完美的一天是什麼樣子？」這時候，你對未來的規畫就是你的夢想；如果你看完這個章節以後，為自己找到一位能鞭策你立刻行動的教練，而當你完成一次跳躍式的成長，教練可能會請你回顧：「你是怎麼做到的？」這時候，你的夢想就是你跳躍式成長後的心情，也是一種改變觀點、打破限制的力量。所以，一定要有夢想。

如果你渴望擁有保持行動的欲望，就要不斷地去想像一個更加美好的自己，即便今天只是稍微進步一點點，也會在你內心留下深刻的印象。雖然我不太認同那些成功學大師們過度洗腦式的自我催眠，但我非常鼓勵每個人去暢想一下自己未來的模樣：也許變得更博學、更睿智、更具判斷力，或者能更有自信地表達自己。當你能非常具體地想像出那個畫面時，行動的阻力便會大幅減低，行動的動力則會變得很大，你將不再猶豫，迫不及待地想要行動。

有夢想，只是第一步。如果想讓夢想推動自己前進，除了具體清晰的目標之外，還要進一步思考：在這條路上可能會遇到什麼樣的困難？以及你會用什麼樣的方法來解決問題……你對困難與解決方法的想像越具體，行動就會越持久。無論如何，好的開始是成功的一半，千里之行，始於足下，希望每一位讀者都能懷抱夢想，立刻啟程——以渺小啟程，以偉大結尾。

第 5 章

認知大升級，資訊爆炸的時代勇往直前

每一次的反省，都是為了變得更好，
我們不能輕易放過每個錯誤，錯誤的出現，正是為了提醒我們成長。

重新認識批判性思考

不知從什麼時候開始，「批判性思考」成了所有教育工作者談論的熱門詞彙。這個概念原本只在大學階段才會被講授和強調，如今漸漸在高中、初中、小學，甚至某些幼稚園裡面都會被提到。

這個名詞幾乎每個人都聽過，但真正了解其意義的人寥寥無幾，很多人對「批判性思考」的理解其實是錯誤的。

經常有學生問我：「老師，我要如何提升批判性思考的能力？」

而我總是這樣回答他們：「如果你真的想要提升批判性思考的能力，首先你應該先批判你對『批判性思考』的理解。」

☆是在思考，還是在自我感覺良好？

什麼樣的「批判性思考」需要被批判？現在有太多人把消極思想誤認為是批判性思考；把

憤世嫉俗當作理性思考；把樂觀主義視為「傻白甜」，覺得那樣的心態沒有任何學習價值。這些錯誤的認知與判斷，都需要用批判性思考來檢視與反省。

其實，真正的批判性思考，與樂觀或者悲觀都無關，也與成功或失敗沒有直接關係，它只是一種思考模式，是我們觀察世界、理解事物時的角度和態度。如果以「批判性思考」去批判、否定身邊的一切，反而是對這項能力的誤用與曲解。

人和物之間最重大的區別在於——人可以主動進行自我成長與突破，而物體則是一成不變；物體需要接受外力的影響才能改變，而人的自我成長與突破方式來自於積極、主動的思考。但是主動思考不等於主動學習。

生活中有很多這樣的人，喜歡對別人品頭論足，一看到身邊有人獲得某種成功，取得一些成績或一些進步，他們就會打著「批判性思考」的名義分析那些人，總覺得事情不像看起來那麼簡單，試圖揭露成功背後的「真相」，彷彿非要找出不可告人的因素才覺得安心。我見過太多這樣的職場「老油條」，他們一個個看起來都閱歷豐富、老練能幹。

但實際上，**每天將九成以上的精力都用來「分析」和「評論」別人，真正用來提升自己、精進專業的時間可能連十分之一都不到。這種看似積極、實則空轉的思考，只會讓自己停滯不前，毫無成長。**更有趣的是，當好事發生在別人身上時，他們總會覺得「肯定沒那麼簡單」；而當同樣的好事發生在自己身上時，卻會毫不猶豫地將功勞都歸於自己的努力，很少想到可能是時機剛好、運氣使然，或外在條件促成。這麼想一想，是不是非常可笑呢？

☆自我抽離：通往客觀思考的第一步

批判性思考，是一種以理性、反思、心靈開放的方式進行思考的能力，能夠幫助我們準確地表達觀點、進行邏輯嚴謹的推理與合理地論證，進而培養真正的思辨精神。真正的批判性思考，是能夠區分知識的表象和本質的能力，能看清事物背後的真實因果關係，透過表層現象洞察事物的本質，並盡可能做到客觀、公正地思考。批判性思維要求我們克服以自我為中心的偏見，勇於質疑自己，進行客觀地分析、評價與總結。

然而，當我們在分析別人的成功時，總是習慣性地把成功原因歸於外在的條件與環境；而在分析自己的成功時，則把功勞歸於自己的努力與才幹。與之相反，當別人失敗時，我們常認為是他不夠努力；而自己失敗時，卻總在環境、運氣或從他人身上尋找藉口。這些歸因偏誤，是批判性思維中最基本卻最容易被忽略的錯誤。

要培養正確的批判性思考，就要跳出這種非客觀的思維局限。想讓自己不再犯這種最簡單的批判性思考錯誤，可以先嘗試將自己抽離出來，用第三人稱的角度審視自己。古往今來，很多偉人都是這麼做的——凱撒大帝在寫作時就用第三人稱描述自己：「凱撒做了什麼……」他可以因此保持客觀，分析自身錯誤時，會將錯誤歸因於內心，從而更客觀地理解自己在哪裡犯了錯。古代的皇帝自稱「朕」，某種程度也是一種自我分離的思考方式，這種「自我分離」正是進行客觀歸因與判斷的有效方法。

錯誤的歸因在現實生活中其實很常見：大多數的迷信，正是缺少了批判性思考。比如「左眼跳財，右眼跳災」，或是認為數字「四」意味著不吉利……雖然大家都已經習慣了生活中的「小迷信」，覺得無傷大雅，但看起來不經意的「小迷信」，很多時候會在潛移默化中影響一個人對於生活細節的判斷與決策，而這些小的判斷與決策，累積起來可能會改變你的一生。

風水或星座是東西方人民皆喜歡探討的話題，我雖然並不排斥，但對這些事情也確實無感，有時甚至是無法理解。我無法理解有些人要根據自己的星座找工作，更不能理解有些人在決定是否要投資或創業時，不是透過基於事實與邏輯進行因果關係分析與研究，而是像算命一樣透過「良辰吉日」來決定。

當然，我們可以把這些總結成是老祖宗的智慧、文化或歷史的遺產，但如果我們凡事都迷信老祖宗的智慧，那現代科技也沒有任何發展的必要了。因此**我們應該將批判性思考運用在生活的每個地方，分析生活中無數微小的因果關係，思考自己做某個決定的真正動機與邏輯**。當你開始掌握這種能力，真正的批判性思考也就自然而然形成了。

☆能同時容納矛盾觀點，才是成熟大人應有的樣子

那麼，批判性思考為什麼如此重要呢？

我認為，批判性思考最核心的價值在於，它能讓我們每個人真正具備獨立思考的能力。現今的生活裡，我們每天都要應對很多新的問題與挑戰，如果你不具備批判性思考的能力、無法

獨立思考，那你的人生觀、價值觀，乃至生活中的一切，往往就會被身邊的他人所左右。他們說什麼你就跟著信、他們做什麼你就跟著做、他們買什麼你也跟著效仿。這些「他人」不僅包括你身邊的朋友、家人，也可以是網路上的意見領袖或某個能影響你的人。你可能會不自覺地相信他們說的話，跟著他們的行動做決定。

我曾經說過，我們本可以透過網際網路來突破認知，但大數據與演算法逐漸將我們困在「同溫層」裡，只接觸到自己的偏好、熟悉的資訊。而本來可以從身邊親朋好友那裡獲取的資訊，也因為大家獲取資訊的模式逐漸固化，使得資訊變得越來越沒有價值。現代社會表面上看似人人都在談批判性思考，但事實上，人們的思維方式卻越來越僵化，當一個人習慣了某種固定的思考模式，就很容易接受別人提供的理論與價值觀，進而無法跳脫固定的框架。因此，我們才需要利用批判性思考去建立一套屬於自己的邏輯系統、觀察方法、策略架構，用不同的方式、另一種眼光去看待問題。

批判性思考除了幫助我們學會獨立思考，更能啟發我們去發現問題，進而反思自己在生活、工作與學習中的不足。事實上，**解決問題的第一步，就是提出正確而深刻的問題。能夠提出好問題的人，往往已經成功了一半。**

那麼，我們又該如何培養批判性思考呢？首先還是從閱讀開始。但這裡的閱讀，不是指閱讀那些最新、最暢銷的書，也不必讀我的書，而是去讀那些經過時間洗鍊、仍被保留下來的經典著作，尤其是那些閱讀過程中，必須投入思考的書，這樣才能真正刺激大腦、鍛鍊思辨能力。例如，閱讀哲學或辯證法的書籍，就像在進行一場大腦的重量訓練。因為你在閱讀的過程中，必須將抽象概念轉化為具象的畫面，將文字串聯為知識網絡。這個轉化過程，就像替大腦做思維的健身操，能有效提升我們抽象推理與批判思考的能力。

進一步提升批判性思考時，更應該有意識地去閱讀觀點相互對立的書籍。例如，研究經濟學時，不僅要讀弗里德里希．海耶克（F. A. Hayek）所提倡的自由市場理論，也應該去了解國家對經濟干預的市場案例及其背後的邏輯；在探討中國傳統文化時，不僅要閱讀儒家經典，也可以涉獵法家、道家思想……當你接觸的觀點範圍足夠廣泛、思考的角度夠多元，甚至彼此之間有所衝突時，才能真正建立起屬於你自己的判斷體系。

你可能會問：如果我心中有太多互相矛盾的觀點怎麼辦？正如《大亨小傳》（*The Great Gatsby*）的作者所說：「檢驗一流智力的標準，就是看你能不能在頭腦中同時存在兩種相反的想法，並保持正常行事的能力。」這正是一個成熟大人應有的樣子：能包容矛盾，能思辨多元，也能在模糊與不確定之中，做出自己的選擇。

☆當價值觀遮蔽了事實，你還能保持清醒嗎？

當今社會裡，批判性思考的另一個重要用途，就是辨別真假新聞。

我其實不太喜歡用「假新聞」（Fake news）這個詞，雖然現在資訊來源眾多且複雜，但我還是相信主流媒體具備著基本的職業道德。然而，常常有些人聽到和自己觀點不同的新聞時，便立刻斷定地說：「這一定是假新聞！」

這些人的評判標準，已經從「事實判斷」變成了「價值判斷」，只要是他們喜歡的、符合自身利益的，就是「真新聞」；相反，就是「假新聞」。在我們日常生活中當然也有可能遇到假新聞，尤其是在自媒體如此發達的年代，那我們該如何判斷一則訊息的真實性呢？其實在大學英文必修課裡，有一個詞叫 Cross-reference（相互參照），這個概念如果運用到現實中，就是當你看到一條訊息時，應該確認它是否來自至少兩個以上、互不相關的可靠來源。這樣才可以初步判斷這條資訊在傳遞過程中是否存在造假或扭曲。

但這還不夠，即使一則資訊經過多方確認，也只能代表「訊息本身」在傳遞過程中沒有被竄改，但它原始來源是否可靠？是否掩蓋了某些事實？仍需進一步判斷。也就是說，有時候不是訊息傳播過程出了問題，而是原始訊息本身就帶有偏誤或虛假。

因此，我們不應該在接受到資訊的第一刻就過早地做出判斷，尤其是價值層面上的判斷更要謹慎，這也解釋了為什麼近幾年有那麼多「神反轉」或「被打臉」的新聞評論。真正具備批判性思考的人，應該能站得更高、看得更遠，學會關注那些慢變數，而非被快變數帶著跑。很多時候，我們在面對社會中出現的各種現象時，可以不急著立刻做出判斷，而是抱著深入觀察的心態看待問題，這才是批判性思考更高層次的體現。

批判性思考不是簡單否定一切，更不是憤世嫉俗的悲觀心態。一個悲觀主義者或許能夠準確判斷那麼一兩次，但唯有樂觀主義者，才能獲得成功。而「理性樂觀主義」就是能夠正確地使用批判性思考，同時又保持著對一切美好事物的追求。所以，最終能夠獲得長期成功的是那些理性的樂觀主義者。

最後，我想跟大家分享我非常喜歡的一句話：**「不管這個世界多麼混亂，仍要選擇去熱愛它，並透過自己的一點努力去改變它。」**這種精神與態度，可能才是對批判性思考最好的應用，共勉之。

刻意練習的四個核心條件

很多理論在傳播的過程中往往都會被曲解，其中最常被誤解的例子之一，就是大家耳熟能詳的「一萬小時理論」。

我們可能都聽過這句話：一個普通人只要在某個領域投入一萬個小時的練習，就能成為那個領域的專家。但如果這理論真的百分之百正確，那我們現在應該早就是吃飯的天才、睡覺的天才，甚至是走路的天才了！畢竟，這些我們天天在做的事情，早就遠遠超過了一萬小時，但我們並沒有因此達到什麼專家等級的水準。那麼，問題出在哪裡？關鍵就在於：單靠時間的累積是不夠的，真正能讓我們進步的，是「刻意練習」。

「刻意練習」究竟是什麼意思？有些人誤以為刻意練習是一種特別高效、特別「爽」的體驗。事實上，**如果你在練習的過程中感到輕鬆愉快，反而代表你的刻意練習可能根本不到位。**因為真正的刻意練習，必須滿足四個核心條件。

☆提升效率的第一關：練習前先選對方法

第一個核心條件：刻意練習一定要有一套具體可行的方法。經常有朋友問我，想提升某方面的能力，應該採用什麼樣的方法。每次遇到這類問題時，我都會想起我經常用來鼓勵自己的話：「這個世界上我遇到的所有困難，肯定早就有人遇過了。我不可能特別到是第一個遇到這種困難的人，也不太可能是第一個想要解決這個問題的人。如果我真的是第一個的話，那要恭喜我自己，因為我要拿諾貝爾獎了。」

事實上，現在無論是企業管理這樣的大課題，還是如何把某道菜做好這樣的小事，在網路上都能找到許多具體可行的方法可供我們參考與實踐。我們常說「磨刀不誤砍柴工」，而「磨刀」的過程，其實就是尋找方法的過程，一旦找到正確的方法，再加上到位的練習，事情就會事半功倍。

我曾走遍七大洲，發現各個國籍的學生裡，中國學生是全世界最努力的一群，但在語言學習方面，卻常常停留在「啞巴英語」的階段，難以突破，這是為什麼呢？其實，只要掌握一個小方法就能有所突破，那就是：一切從「聽」出發。中國人學習語言的順序也是「聽、說、讀、寫」。但現實是，大部分學生學習語言的方法卻是以「讀、寫、背」為主，他們非常努力讀課文、背單字、寫作文……結果往往只是自我感動，卻無法真正提升語言能力。

根據美國保羅・蘭金（Paul Rankin）教授的研究顯示，人們日常語言活動中，「聽」占了四五％、「說」占三〇％、「讀」占一六％、「寫」僅占九％。可見，「聽」在語言交流中占有重要地位。提升聽力不僅有利於說、讀、寫的進步，更能為日常溝通打下堅實的基礎。從我多年的英語教學經驗來看，凡是在英語教學中重視聽力的地區，學生的整體英語水準都比較高，例如廣東和上海是全中國最注重聽力教育的地區，並不是因為那裡的老師特別優秀，而是因為他們注重聽力練習。

其實只要方法對了，練習一個小時往往比用錯誤的方法練習十個小時還更有效。很多事情也是這樣，像是減肥，其實有一個非常關鍵的方法就是多喝水，你運動得再多，也比不上每天喝足三公升水來得有用，喝水不僅能促進新陳代謝，幫助身體排出多餘的脂肪。但如果你使用了錯誤的方法，即使按照各種減肥食譜控制飲食，卻疏於喝水，效果也會大打折扣。

如果方法不對，會讓我們不僅無法得到刻意練習的成果，甚至可能因此懷疑自己，最後沮喪地對自己說：「天啊，我果然不是這塊料，我的基因有問題，我根本沒救了。」

☆沒有好導師，你只是在重複錯誤！

第二個核心條件：刻意練習一定要有一位好導師。幾乎所有偉大的運動員背後，都有一位偉大的教練。按理說，一位能拿到世界冠軍的運動員，已經是該運動項目中全球最頂尖的人了，為什麼他們依然需要教練的指導呢？那是因為再優秀的運動員，也需要一位教練從第三者的角度給予指導，一位好教練，能讓運動員少走許多彎路，加快進步的速度。

人生中的其他領域也是如此，我自己就非常喜歡在每個領域中為自己找位老師，這位老師不一定是正式的授課者，也可以是你學習的榜樣、生活中的良師益友，甚至是你身邊的朋友。孔子曾說：「三人行，必有我師焉。」有時候，你的朋友、伴侶，甚至是你的孩子，都可以成為你的老師，可以從他們身上學到很多東西。

大家有沒有發現，指出別人的錯誤總是特別容易，我們對他人的問題總是特別敏感。就拿我熟悉的語言教學來說，可能你自己的英文發音一般，但當你聽到別人說錯時，卻能立刻察覺並指出錯誤。這也是為什麼當某位明星說英文發音不標準時，總會引來群眾嘲笑，因為大家都聽得出來。但我們應該停止對別人的嘲笑與評論，更應該思考自身的問題。因為有些時候，無論你再怎麼努力保持客觀，依然無法跳脫個人的主觀限制，若缺乏一位外部導師指出問題，你的進步將會受到極大的限制，甚至容易陷入低水準的自滿之中。

我自己也曾經歷這樣的情況。不久前，我開始嘗試進行大班課的直播，說實話，在上課前我對自己的表現還頗有信心，畢竟執教多年，也算是很多人的榜樣。然而，在課程中我特別請了幾位觀察員，全程記錄我上課中每分每秒的細節。上完課後，當他們一一指出我的問題時，我心裡還是非常難受。稍微冷靜之後，我告訴自己，請他們的目的就是為了挑我毛病的，就像教練一樣輔助我。

根據他們指出的問題進行調整與修正後，我的課程品質果然迅速提升，有了質的飛躍。以前，剛開始聽課的人數肯定有一萬人，一個半小時以後就只剩五千人，因為學生會漸漸感到疲憊或分心去做別的事。但現在，我可以做到高峰期有一萬人，課程結束時還有九千五百人在聽課。我希望未來能做到不只維持原有的人數，甚至能讓更多人主動加入，到結尾時是一萬一千人那就更好了。

我曾對《刻意練習》（*Peak*，繁體中文版由方智出版）這本書的內容心存懷疑，書中提到，有人能記住上百個毫無邏輯的數字序列，我覺得難以置信。但讀完之後我明白了：**只要有教練對你進行針對性的指導和訓練，每個人其實都有機會做出不可思議的事情。**

☆一切沒有痛感的練習，都是在原地踏步

第三個核心條件：刻意練習要有及時回饋。如果我們無法擁有一位能及時指出問題的導師，那麼就應該為自己建立一套有效的回饋機制。

很多職場人士非常想鍛鍊自己的演講技能，但每次都只能在心中默默練習，不敢真正上台，自然也就很難有所進步；在無法請到演講教練的情況下，他們所遇到的問題便無法即時被察覺與修正。因此我曾建議他們，每次跟三五好友出去吃飯時，試著講一個段子或分享自己的經歷，時間控制在三十秒到三分鐘，然後每次都記錄下來，觀察大家聽的時間有多長？又有多長時間是在滑手機？透過這樣的回饋機制，就能非常清楚地了解自己哪些地方表達得精采、哪些地方有待加強，進而逐步改進、穩定提升。

我有位學生想練習寫作，我建議他不用一開始就立志要寫本書，開個公開帳號就好。因為

發表文章本身就是非常好的訓練方式，讀者的留言、點讚、轉發與互動，就是最直接的回饋機制。透過這些回饋，他能了解讀者的偏好，進一步發現自己寫作上的盲點與不足。

為什麼回饋這麼重要呢？因為我發現，大多數人很難把主體和客體分開來看待。舉個簡單例子：大部分人戴著耳機聽音樂時，或者跟著音樂唱歌時，都會覺得自己的聲音跟原唱一樣動聽，可是一旦把原聲關掉，可能會發現自己唱得非常難聽，這也是KTV一般都有伴唱或原唱模式的原因。

我們在進行刻意練習時，一定要設法把自己抽離出來，區分主體與客體，透過明確的回饋不斷修正與成長。如果我們不敢直視當下的真實狀況、不願承認自己的不足，那就無從談起改進，最終只能永遠原地踏步。所以，親愛的朋友們，我要再次強調——**刻意練習是痛苦的。如果不痛苦，只能說明你的練習並不到位，僅此而已。**

☆刻意練習不「痛」？那是你還不夠認真

第四個核心條件：刻意練習必須在讓你感到不舒服的情況下堅持下去，才能真正獲得提升。

我反覆強調，刻意練習必須是痛苦的；如果沒有感到痛苦，你可能只會在原地踏步。這是因為我們身體有一種叫作「體內平衡」的機制，如果你想要鍛鍊身體的某一塊肌肉，通常需要透過超負荷運動來打破這種平衡。身體為了恢復體內平衡機制，會促進更多的肌肉纖維增生、變大變強。換句話說，如果你總是停留在相同的訓練強度，就很難得到進步。所以，刻意練習的本質就是每次都要挑戰自己的極限，讓自己感到不適。

既然刻意練習會讓人感到痛苦的話，那我們該怎麼堅持下去呢？我和身邊的朋友總結出三種方法：

第一種方法，是記錄自己的成長變化。如果不記錄，就容易產生「在原地踏步」的感覺。其實，刻意練習不需要一萬小時，甚至只需要二十小時，你就能感受到很明顯的進步。因為與亂章無序的訓練相比，刻意練習會讓你在某個細節或者特定節點上帶來顯著的突破。我每次講課所使用的簡報都不刪除，當我講到第十五輪時，再回看第一次的簡報，就會發現初稿有許多的不完美。但我從來不刻意抹除這些痕跡，很多偉大的作家也是這樣，會保留自己的初稿，一方面是為了留下成長的紀錄，另一方面也是提醒自己還有很大的進步空間。

第二種方法，是擁有自己的精神支柱。幾乎每個能堅持刻意練習的人，背後都會有一位特別感激的「重要他人」，也許是家人、愛人、朋友……這個人會在你感到無法堅持的時候給你支持與鼓勵，會無條件地相信你、支持你，但他絕不會溺愛你。

有些時候，人的成功確實有很多偶然性，畢竟我們無法預知一件事的結果是否真的是由努力所帶來的。然而，如果你還沒找到屬於自己的「重要他人」，請先相信我，我們每個人都充滿了天賦，我們需要做的是把它發掘出來，僅此而已。而這個發掘的過程，永遠都需要利用刻意練習，雖然過程會很痛苦，但最終換來的價值是無比巨大的。

第三種方法，是選擇一件對你來說具有深刻意義的事作為刻意練習的目標。這個意義必須遠遠大於時間、金錢或名聲。這是因為，每個人心中都需要意義感，而許多偉大的事業，就是靠意義感支撐起來的。對一名足球運動員而言，踢球確實可以得到名和利，但更重要的還是他發自內心對足球的熱愛，因為他看到了運動本身的意義。許多畫家、音樂家也能賺很多錢，但他們真正想做的，是創作出能流傳後世的作品，讓自己的靈魂在歷史中留下印記。

我作為一名老師，其實也很辛苦，經常熬夜批改作業，還要回答學生們千奇百怪的問題。你或許會問：這麼累，為什麼還要不斷精進自己的上課技巧？因為我發現，把課上好可以幫助到更多人，我的知識與理念也會延續在他人身上，這種意義感是能讓人心中感到溫暖。對我來說，意義感不只是目標，它是一種讓你在繁忙中停下腳步、深深呼吸的力量。

每個人其實都可以找到屬於自己的意義感。可能你的意義感是做一頓豐盛可口的菜肴，也許是創作出能流傳於世的藝術品，也可能是希望家人過得更好……**當你能將刻意練習和意義感結合起來，你一定會走得更遠、堅持得更久。**

所以你知道嗎？種一棵樹最好的時間是十年前，其次就是現在，只要你願意開始行動，永遠都不算晚。給自己希望，為自己把前路照亮。

從資訊繭房中破繭而出，開啟真正的獨立思考

這個世界從來沒有像近幾年這麼分裂過。別擔心，我說的不是物理意義上的分裂，而是人們在認知層面上的分裂。

現在的網際網路如此發達，資訊傳播的速度前所未有且幾乎沒有阻礙。然而，你會發現一個有意思的現象：一方面，我們置身於資訊的汪洋大海中，人們在裡面不斷掙扎，努力讓自己不被淹沒在龐雜的訊息之中；另一方面，我們卻又像是生活在一座座資訊孤島上，彼此之間的共同語言與話題越來越稀少。

可即便如此，大家似乎都在各自的圈子裡過得很開心，這是為什麼呢？

☆拆掉「資訊繭房」，才能真正改變命運

其實，這就是資訊社會的特點，我們每個人有各式各樣獲得資訊的途徑與方式，而且每天都在獲取大量的資訊。但我覺得這些資訊就像一口深井，雖然大家獲得的資訊數量龐大，也很

有深度，但涵蓋的範圍或者廣度卻很有限。

舉個例子，受到大數據和演算法的影響，當你搜尋某種學習內容或興趣愛好的資訊後，搜尋引擎就會不斷推薦你相關的內容與資訊。這就是為什麼你在短影音平台上看了幾支寵物影片後，系統就一直推薦你觀看更多小動物的影片；如果你對娛樂八卦稍微感興趣，就會發現自己被眾多娛樂八卦新聞淹沒，沒完沒了全是這樣的消息……

在某個特定領域接受大量資訊固然是件好事，但是當這些資訊多到影響我們認知的時候，就會變成問題。

我們平時就像活在一個「資訊繭房」，在裡面我們只看到自己想看的內容，久而久之，我們就很容易陷入封閉而重複的世界，彷彿被一層厚厚的繭包裹著，失去了外界的連結。

凱撒在兩千年前曾說過：「每個人只能看到自己想看到的世界。」如果你接受的資訊都來自同一個管道或特定面向，那你最終只能活在自己的腦洞裡。雖然很多人樂於待在自己的舒適圈，因為那樣很安逸，但當你無法接觸更多其他資訊的時候，確實會錯失很多機會，可能會因此與很多美好的風景或更大的世界擦身而過，也可能會錯過許多改變命運的機會，例如職涯的晉升或思維的突破。

你能賺到多少錢，某種程度上，其實是你「認知變現」的結果。因此，當我們想要學習、獲取知識和資訊時，就應該盡全力拓展獲取資訊的範圍，而不是只停留在某一個點或面。換句話說，就像我們每天吃飯一樣，不應該一個月連續三十天都吃麻辣燙或大盤雞，應該偶爾換換口味，嘗嘗日本料理、包子，葷素搭配才能營養均衡。

☆「講得有趣」不代表「教得正確」！

現在很多人都會在網際網路上學習各種知識和技能，當我們在網路上學習時，就必須睜大眼睛，仔細檢視並篩選出一位值得信賴的好老師。在這個網路如此發達的時代，幾乎人人都可以當老師，我作為一名老師，發現網路上確實有不少很優秀且值得學習的老師，但也存在一些特別不靠譜的老師。

很多人在網上學習時，常常會將「講得有趣」和「真正有用」混為一談。我曾見過一位被很多人認為「還不錯」的老師，卻用錯誤的知識搭配「有趣的方法」來教學生。我不知道他是真的覺得有趣，還是故意為之，或者他其實根本就不知道自己講錯了。舉例來說，他講了一個所謂的「字母形象記憶法」，說兩個e放在一起，看起來像一雙眼睛，所以凡是出現兩個e的單字都與眼睛有關，比如「see」。我聽到這裡時非常無語，於是在網路上向他提問：「老師，那『week』怎麼解釋呢？」這個老師反應倒是挺快，回答說：「你看，眼睛一睜一閉，一週就過去了……」後來他沒有再回應我。所以，我們在網路上獲取資訊時，要具備基本的鑑別能力。想要學得扎實，就得先挑選出一位靠譜的老師，挑選的方法並不複雜，以下三點可以作為參考：

第一種方法，看老師真實的學術實力，而不是只看他教過多少學生。如果一位老師的教學方法管用，那麼他的學術基礎應該不會太差。特別要注意那些標榜「獨門方法創始人」的老師，如果他的方法只有他一個人有用、你怎麼學都沒有效果的話，那你從他那裡獲得的知識，很可能只是錯誤資訊或無法實踐的技巧。其實很多平台都有提供一些大學教授所開設的課程，這些大學教授具備扎實的專業基礎，也往往能把課講得深入淺出。像是北京大學的薛兆豐老師，他的經濟學課程就兼具深度與趣味性。

第二種方法，要看這位老師在同行中的口碑。同行口碑很重要，每年的諾貝爾獎從來都不是靠網路投票選出來的，而是透過嚴格的同行評審。有人會說：「郭德綱講相聲很厲害，但在同行中的口碑好像一般啊。」事實並非如此，郭德綱老師在一些資深相聲大師心中其實有很高的評價。所以，一位老師的真實水準到底怎麼樣，不妨去看看他在同領域專業人士間的評價。

第三種方法，看學生們對老師的長期評價。有些老師可能剛開始講得生動活潑，很容易博得學生好感，因此獲得正面評價。也許他短期內講得生動，但不代表他能持續產出有價值的內容，只有長期觀察才能看出學生是否真的學有所成、有所提升，是否學到了「真功夫」。

☆設定好目標，混亂就會變得清晰

也許你會問我：「老師，我去讀論文或直接看書行不行呢？」

我覺得完全可以。讀論文是所有從事學術研究的人必經的過程，因為你需要掌握這個領域最前沿的資訊；而讀書，我則希望你能夠做到高效閱讀，從源頭開始獲取知識，而不只是閱讀別人對知識的二手解釋或轉述。

在這個資訊爆炸的年代，我們更應該學會判斷：哪些內容是真正值得關注、哪些可以果斷放棄。因此，你必須要有一個很明確的學習目標。

很多時候，我們不知道該看什麼資訊，並不是因為資訊太多，而是因為我們沒有為自己設定一個明確的短期或中長期學習目標與方向。如果你什麼都想學，像走馬看花般地瀏覽，當然會覺得世界亂七八糟且充滿雜訊。但那些能夠安靜下來的人，往往是因為他們心中有一個清晰的指南針。

很多人說，現在的資訊太多、太複雜了，還不如過去單純。可是「過去」好在哪裡呢？孔子在兩千多年前就已經在感嘆「學無止境」，那時連印刷術都還沒有呢。所以，當你在面對海量資訊，而且別人無法幫你做出判斷時，你要捫心自問——我人生真正追求的到底是什麼？

以我自己為例，我立志從事教育工作，因此我會持續關注教育領域中最新、最具啟發性的資訊，也會關注英語教育領域中優秀的老師，同時不斷將生活中發現的細節和我個人的所思所想互相結合。當我在某幾個領域關注得夠久，就會發現，其實根本沒有什麼資訊爆炸的問題，反而是資訊的殘缺，因為大家翻來覆去討論的，就那麼幾個重複的知識點，只是換了個說法罷了。

如果你沒有一個明確的學習目標，也不確定自己真正喜歡的是什麼時，你就會覺得自己看到的資訊都是零碎而複雜的。因此，我們必須不斷提醒自己：我到底在追求什麼？只有這樣，才能在資訊的叢林中找到那條真正屬於自己的道路。

☆即使世界很吵，也要為自己留一段沉靜的閱讀時光

如果你現在正處於迷茫的狀態，總想學點什麼，東瞧瞧、西看看，卻又覺得自己已沉溺在資訊的大海中，快要被淹沒了……那我建議你做一件非常簡單的事情：每天關機三個小時。在這三個小時裡，請不要看手機，拿出一本你可能感興趣領域裡的經典著作，靜下心來，用心去讀。

如果你真的對媒體娛樂感興趣，請讀一讀《娛樂至死》（*Amusing Ourselves to Death*，繁體中文由貓頭鷹出版）這本書；如果你對哲學或歷史感興趣，那可以去讀一下《西方哲學史》（*A history of western philosophy*，繁體中文由五南出版），看看自己是否真的能讀進去。北京大學希望大一新生一年能夠閱讀一百本書，我認為其實讀兩到三百本也不是問題，因為我們不必每本書都從頭讀到尾。有時候，當你拿起一本書，可能一頁都沒有翻，這也是個好消息，那證明你對這本書不感興趣。我曾說過，如何判斷你對某件事或者某本書是不是真的感興趣，就看你願不願意為它早上五點起來。

注意，只能是早起，而不是熬夜。因為熬夜太簡單了，晚上不睡覺對年輕人來說太容易了，熬夜做的事，不一定是你真正感興趣的事，因為可能只是你不想睡，或不想面對第二天的生活而已。但**如果有件事能讓你甘願犧牲睡眠早起去做，那十之八九是你真正熱愛的事**。當你找到自己真正感興趣的事以後，你就會發現，其實資訊沒有那麼難篩選。

我曾在巴西，遇見一位有二十二個孩子的導遊，而且全都是跟同一個老婆生的，我覺得很

奇妙；在非洲，我見過一位身穿動物皮的非洲酋長；在南極，我認識了一位能在接近零度的海水裡和鯨魚共游的博士……這些經歷和故事，都是我人生的一部分。我希望有一天，親愛的你也可以放下手機，拿起書本；我希望有一天，你能活出屬於你自己的精采，成為別人眼中的故事，成為書本上的一頁知識。到了那個時候，我相信你會對這些所謂的「資訊」，產生截然不同的理解。

高級交際手腕：提問術

我從小到大都特別羨慕那些能說會道的人，總覺得這樣的人不僅朋友多，也特別容易與人建立關係。他們會在聚會上侃侃而談，總能成為眾人目光的焦點；他們彷彿總是活在聚光燈下，看起來永遠不會感到孤獨……

但我後來發現，那些真正擅長說話的人，在與別人聊天時，其實並不是單方面一直在講話。他們懂得在適當的時機，徵求對方的看法、引導對方發言，只有這樣有來有往，談話才能持續，雙方的談話興致也能延續下去。如果總是一人說、一人聽，對話早晚會陷入僵局。

說到這裡，我開始反思：我們這些不擅長說話的人，不正是因為不懂得維持這種互動節奏，才會讓對話無法順利進行嗎？如果只是閒聊，聊不下去或許沒關係，但有些時候，我們在與同事或上司交談時，往往是帶著目的的，希望從對方那裡得到自己想要的資訊。如果對話進行不下去，自然就無法得到我們想要的結果。那麼，該怎麼解決這個問題呢？

我開始仔細觀察那些「能說會道」的人是怎麼與人聊天的，後來我發現一個簡單的小竅門，那就是提問——**在適當的時機，提出合適的問題，不僅能讓對話延續下去，還能將談話引向更深層次的交流。**那麼，你是一個懂得「如何提問」的人嗎？

☆不擅長社交沒關係，你可以靠「問對問題」

現在很多講座、見面會等活動，結束前都設有互動環節，讓現場觀眾向嘉賓提問。有些觀眾提出的問題，能夠引導嘉賓暢談許久；而有些觀眾的問題，嘉賓三言兩語就應付過去了。前者的提問常被誇獎為「問得好」，因為能讓嘉賓「多說幾點」，難得見上一面，誰不想聽偶像多分享幾句話呢！反之，後者的問題往往會讓大家抱怨「浪費了一個提問機會」。這就是會不會提問之間的差別。

生活中，需要我們提問的場合很多，從學生時代向老師與同學請教，到工作後向上司或同事詢問。一個人能不能提問，與會不會提「好問題」是兩回事。

好的提問能讓被提問者有更大的發揮空間，更充分地展現自己的觀點。一個好的提問者，就像一面鏡子，儘管他本身並不為對方提供新的資訊，卻可以透過問題照映出對方的內在想法。而對提問者而言，當對方回答得越詳細、給的資訊越多，自然也能從中學到更多東西。而那些不善於提問的人，自然也無法獲得太多的收穫，甚至根本沒想到要問什麼。還記得學生時代，老師常常問：「還有人不會嗎？還有問題嗎？」這時大家往往會齊聲回答：「沒問題。」可是他們真的都會了嗎？我相信其中有不少人在寫作業的時候，會發現自己根本不會寫……

除了從問答中獲得知識，好的提問者在人際關係上，也更容易與他人建立長久而牢固的連結。相信很多人有過這樣的經歷：你透過朋友介紹認識了一位你崇拜已久的大人物，你激動不已，滿懷激動地傾訴自己的敬仰與喜悅，並成功加了對方聯繫方式。然後呢？就沒有然後了。

雖然加了聯繫方式，或許你曾熱情地主動發訊息，對方也禮貌回應，但隨著時間的推移，你們那點微弱的聯繫很快便消散不見。也許某天你再次發訊息給對方時，才發現對方已經將你從通訊錄中刪掉了。為什麼會這樣？因為你沒有為對方創造價值。

大多數時候，人與人之間的連結，歸根究柢都是資源的交換，所謂的「人脈」，正是基於這種互動而形成的。

如果你的自身條件有限，無法為對方創造實質的價值，自然也就難以獲得對方的重視。此時，透過高品質、有水準的提問來展現出自己的思考能力和觀點，就是為對方創造價值的方法。即使你暫時不如對方，但只要你的提問足夠精準、富有深度，能帶給對方啟發或思考的空間，也就為對方創造了價值，自然也能贏得對方對你的重視。

那麼，什麼樣的問題，才是「好問題」呢？

☆好問題才有好答案：職場與學習中的高效提問術

這世界上無數優秀的答案，正等待著好問題來發掘；但同樣也存在無數愚蠢的問題，足以讓被提問的人氣得半死。

有時候，問題越寬泛，就越讓人無從回答。我經常收到同學們的問題：「老師，我應該如何學好英語？」當問題這麼模糊，我也只能模糊地回答：「那就好好學英語……」你的問題讓人無法具體回答。但如果你問：「老師，托福考試的英文聽力部分我總是跟不上，有什麼具體的訓練方法嗎？」那我就能根據這個問題，給出更具體、有效的建議。

如果你希望透過提問來獲得有價值的回答，那就應該根據不同的對象，提出不同的問題，這就像我們在考試中見識過各式各樣的題型，選擇題、填空題、簡答題和申論題等等，每一種提問方式，適合的對象也不同。

首先，對於自己的經理、長輩或老師，我們應該傾向問「選擇題」，少用「簡答題」。原因很簡單，簡答題就像剛才舉的例子，如果你的問題太寬泛，對方就無法具體回答，只能給出籠統、毫無建設性的回應。你的問題越具體，就能得到越有價值的答案。在《論語》中，孔子與弟子的對話也都非常具體，例如：「以德報怨」還是「以直報怨」？這類的提問才有意義，也容易激發出真正的思考。

當你有問題想問經理、老師或長輩的時候，如果只是單純問一個簡答題，明顯就是還沒思考過這個問題；如果你以選擇題做提問，對方給的答案就會非常直觀而具體。例如說，你剛接手一個完全陌生的任務，直接問經理：「我完全不會做，您能教我該怎麼辦嗎？」——這樣的問題不僅無效，還可能讓經理覺得你懶得動腦，甚至把你打發走。

但如果你稍加思考，在提問之前就準備好幾個選項，像是說：「經理，我之前雖然沒有經驗，但我查閱資料後設想了三個方案，A方案是……B方案是……C方案是……您認為哪個方案比較可行？」這樣的提問方式會讓經理對你刮目相看，就算你提出的三個方案都有問題，甚至都是錯的，他也會樂意給出更具建設性的指導，因為他知道你已經努力思考過。

所以，向上提問時，試著用「選擇題」的方式去提問，會讓你顯得更成熟、更可靠，也更有合作價值。

☆善用「簡答題」！讓你成為社交達人

我們在與同儕交流時，要學會使用簡答題。無論是在職場還是日常生活中，都應盡可能給對方留下更多空間，讓對方能表達真正想說的內容，因此，我們應該要問對方的觀點或看法。

這類簡答題可以分為三個層次。以雅思口說考試為例，就是非常經典的分層提問方式：先提一個很廣泛的問題，再根據問題中的某個細節，展開第二層提問，再從第二層的細節延伸至第三層問題。如此一來，讓提問可以層層深入，讓對方始終保有表達的欲望。

如果你在聚會中想結交朋友，卻不喜歡或不擅長侃侃而談，那不妨這樣開場：「你對最近某件事情怎麼看？」或是「你平常有什麼嗜好？」若對方回答「閒的時候會看書」，你就可以進一步問：「你喜歡哪一位作家的書？」如果他回答的作家你剛好熟悉，就能順勢展開話題；就算不知道，也可以追問：「這本書我聽說過，但不太了解，可以跟我說說他作品的細節嗎？」

諸如此類的提問方式，會讓人感受到被尊重。相信我，當你不斷透過簡答題，引導對方更深入地談論他感興趣的事物時，你就創造了對他而言有用的價值交流，自然也更容易獲得對方的信任。但要注意，這類問題千萬不要暗藏是非判斷的內容，因為一旦帶有你個人的價值判斷，對方就會覺得你不是想了解他，而是想評論他，那麼對話氣氛就容易緊張或中斷。

如果你將自己的喜怒都表現在臉上，讓對方一眼就看出來，這對話很可能陷入尷尬。所謂「喜怒不形於色」，其實是一門需要長期磨練的功夫。**不把所有情緒、喜好、厭惡都表現在臉上，是一項終身受用的能力，讓我們一起努力修練吧！**

☆打動人心，不靠說服而靠引導

面對自己的晚輩或需要引導的朋友時，可以多使用「填空題」的方式來提問。使用填空題，填空題的本質，是我們將答案藏在句子裡，讓對方來補上，而不是直接讓他們做選擇題。

如果你一開始就給出A、B、C三個選項，讓對方從中做選擇，他反而會覺得你不是真的在為他思考，甚至覺得回答的空間被限制住了。另一方面，這麼做其實也剝奪對方思考的權利。如果你先把上下文都準備好，讓他自己填入空白的部分，即便填錯了，你也能快速得到反饋。聽完他的回答後，再提供「空格」的正確答案，就會讓對方覺得你思慮周到、頗有遠見。

我發現很多家長在聽孩子說話時，總是習慣直接給出「判斷題」，這會讓孩子失去自主思考與決策的空間。當你以發號施令的語氣告訴孩子：「你不能做這個，也不能做那個！」孩子就會感到很壓抑，自然會產生抗拒。但如果你用「填空題」的方式給他一些引導，讓他擁有一點「有限制的自由」，他不僅不會抗拒，甚至會誤以為是他自己做的決定，而實際上是你巧妙地對他進行了引導，這樣的引導豈不是更有效、更能令人接受？

我妹妹畢業時，很想從事旅遊產業，我沒有直接告訴她可行或不可行，而是說：「做旅遊業沒有問題，但是你可以想一想，剛開始進這行，可能會需要在全國各地去跑來跑去，如果跑太多你可能會……」她立刻接話：「疲憊！」我繼續說：「如果太疲憊，就很難持續成長。在這種情況下，或許可以先靜下心來，把英語學好，先當個英語老師，有穩定的收入和經驗累積後，不僅可以在國內帶團，還可以……」她立刻回答：「國外！世界各地！」這樣的對話，其實是她自己得出答案的過程，而我只是幫她設計了填空題。

☆表達，是一種對世界的探索方式

人的一生，其實就是不斷出題和不斷答題的過程。而其中有一類題目，是我最喜歡做的，也是最具風險的，那就是判斷題。

我一直提醒自己，成長的過程，其實就是學會兼聽則明的過程。包容意味著不輕易對他人做判斷，但從另一方面來說，我們也應該讓這個世界多做判斷題。意思是，我們應該更勇敢地表達自己，說出內心的想法，透過與他人的提問和回答，觀察眾人的判斷，不論是贊同還是反對的聲音，都比把所有答案藏在心裡要來得好。

這個世界有時候太大，生活過於紛繁複雜，我們每個人都有不同的經歷，去過不同的地方，見過不同的人。也正因如此，我們也有看不到的事物、看不到別人的人生，這些都會阻礙我們的認知能力，限制我們對世界的探索。

當我們學會如何與他人交流，學會如何傾聽與理解他人時，就會驚訝地發現，這個世界，其實美好得令人難以置信。

記錄，讓你一步一步接近目標

如果你在亞馬遜雨林中迷路了；如果你在撒哈拉沙漠中找不到方向；又或者你被獨自丟到南極大陸，或是離家很遠的荒郊野外……

當你手機沒有訊號，只能靠自己走出去時，你該如何邁出第一步呢？

我對這件事一直很好奇，所以每到一個地方，都會向當地的嚮導請教，而這些經驗豐富、熟悉野外求生技巧的嚮導，都不約而同地回答：想在野外找到正確的路，一定要先記錄自己此時此刻的位置。因為，如果你不清楚自己當下的位置，也搞不清楚東南西北的方位，那麼最明智的選擇就是原地不動。當你沒有方向時，不論你朝哪個方向邁進，早晚都會迷路。

人生，又何嘗不是如此呢？

☆再爛的日子，也值得記一筆

選擇記錄，才不會迷路；堅持記錄，才不會迷茫。無論你是二十歲還是六十歲，只要還在努力學習、追求成長的人，往往都會覺得，自己忙了一整年，卻說不上來究竟忙了些什麼，心中總有些迷茫與空虛感。而那些始終沒有迷失方向、總是能看見遠方海浪的人，他們都有一個共同點：他們一直都在記錄。他們記錄的方式，不一定是寫日記，也可以是對自己成長的觀察，是完成任務時的里程碑，是一次次的反思和自我提醒。

其實每個人，都應該替自己寫下一份「時間簡史」，去記錄自己走過的每一步。我曾在書中提到「三十四枚金幣時間管理法則」，很多人以為這是一種規畫工具，其實它更重要的作用是「記錄」。當年底回顧過去一年時，你才能知道自己做了些什麼、錯過了什麼，又收穫了什麼，這樣就不會有那種「虛度光陰」的空虛感與迷失感。即使發現做得不夠理想，這些紀錄也將成為未來改進與反思的依據。

曾經在網路上引起熱烈討論的《胡適日記》就是一個典型的例子，大家熱議的是關於他反覆寫下打牌的內容：

7月4日

新開這本日記，也為了督促自己下學期多下些苦功。要先讀完手邊莎士比亞（William Shakespeare）的《亨利八世》（*Henry VIII*）……

7月13日

打牌。

7月14日
打牌。
7月15日
打牌。
7月16日
胡適之啊胡適之！你怎麼能如此墮落！先前訂下的學習計畫你都忘了嗎？
子曰：「吾日三省吾身。」……不能再這樣下去了！
7月17日
打牌。
7月18日
打牌。……

這段紀錄被很多人拿來調侃，因為它真實地反映了我們的生活常態。但是，起碼胡適先生將其記錄下來。也許多年後他再次翻閱這些文字時，會驚訝於自己的轉變，會明白當時雖然荒廢，但如今已有進步。紀錄能讓人成長，看見自己的蛻變，但如果你完全都不記錄的話，有可能現在還是那種狀態。所以，就算紀錄的內容再差，甚至起不了任何作用，它起碼會告訴你：你是怎麼從過去走到現在的，而未來又會往哪裡去。

有紀錄，才有歷史，人類如果沒有紀錄，也就沒有未來。大家應該都知道歷史的重要性，時間的紀錄，其實就是歷史，而真正能夠預見未來的人，往往都是那些尊重歷史的人。個人的紀錄，就是你自己的成長史，即使記錄的方式再粗糙、再簡陋，只要你用心記下來，你就會擁有方向感和確定性。

☆沒有人靠天賦成功，他們只是比你會記錄

只有堅持記錄，才能夠真正進步。

減肥時，健身教練要你做的第一件事，就是買個體重計，記錄每天的體重變化；在學校的時候，老師要求我們每個人準備一本錯題本，記錄自己做錯的題目；到了職場，每個人也都需要撰寫工作日誌……這些紀錄的目的，正是為了幫助我們持續成長。

人類是非常有趣的生物，只要開始反思，就已經踏出了進步的第一步。希臘哲學家蘇格拉底曾說過：「未經反思自省的人生不值得活。」中國也有「吾日三省吾身」的說法，其實目的都是為了能夠不斷地進步。

當然，也有些人會因為出了一點小問題，就不斷否定自我。但我相信，親愛的你讀到這裡，已經學會了我們之前談到的「樂觀精神」。事實上，**所有的反省，都是為了變得更好。我們不能輕易放過每個錯誤，錯誤的出現，正是為了提醒我們成長。**

我們可以允許自己犯錯，但應盡量避免犯下相同的錯誤。如果第一次犯錯是因為無知，那麼第二次到第十次犯錯，就是因為懶惰。總有些人不斷掉進同一個坑裡，這很有可能是因為他們不做紀錄。不做紀錄的人，健忘是常態，比方說，你可能已經不記得上週二中午吃了什麼；又或者，早已忘了上個月三號晚上和誰見的面。當然，你可以用「三十四枚金幣法則」進行詳細的紀錄，但是如果你做不到，至少也應該把犯下的錯誤記下來，以避免重蹈覆轍。進步，其實就是這麼簡單。

歷史上那些成就大業的人，往往都是善於記錄且嚴於律己的典範。比如曾國藩有「日課十二條」，美國開國元勛富蘭克林（Benjamin Franklin）有一套自我改進系統，而我們每一個人，也應該為自己準備一本「人生錯題本」，用來記錄犯過的錯誤，避免再掉進同一個坑裡。

☆被記下的瞬間，最終會成為黑暗中的曙光

當然，光是記錄錯誤的話，人生難免顯得太沉重；而記錄生活的美好，人生才足夠精采。你發現了嗎？我們身邊有很多東西，其實都在幫我們記錄這些精采，不管是朋友的發文紀錄、

微博的更新，還是抖音上的影片分享，都是為了隨時隨地記錄生命中精采的瞬間。

記錄的第一條原則，就是一定要記錄，無論記什麼都好；第二條原則，記下錯誤與教訓；而第三條原則，則是要記錄精采的事。因為人生中的這些美好回憶，就像速效救心丸，在你感到難過、沮喪，甚至想要放棄的時候，回頭看那些美好紀錄，就會有勇氣再做一個正確的決定。我經常鼓勵我的學生，一定要把自己開心的時刻記下來，因為那一瞬間的美好，除了能帶來當下的快樂之外，在未來的日子裡，也能為你帶來超乎想像的力量。

其實我太太起初不太理解，我為什麼非要帶她去環遊世界，去非洲之前她有些害怕，去南極之前她又有些擔心，但等到整趟旅行結束之後，她說這是我送給她最好的禮物，比其他任何物質上的禮物都要珍貴。因為物質的東西確實能讓人吃飽穿暖，但那些記錄下來的美好瞬間，卻能在深夜裡安撫你孤單的心，讓你重新振作前行。

我每次外出很長一段時間的時候，我都給她剪一個小短片，把她日常生活中的照片和所有美好的東西放在影片裡，她總是非常感動。你也可以用同樣的方式，把美好的紀錄送給你未來的伴侶或孩子。

現在，越來越多人認識到記錄美好瞬間的重要性，如果你在拍影片的同時，能把自己的感受寫下來，試著描繪當時最觸動你內心的那一部分，那說不定未來某一天，在你經歷最黑暗的時刻時，能帶給你很大的幫助。

電影《魔戒首部曲：魔戒現身》（*The Lord of the Rings*）裡，故事中的凱蘭崔爾女王送給主角佛羅多一瓶埃蘭迪爾之光，並告訴他：「這是我們最珍愛、最寶貴的星光。」這束光本身的能力也許並不強大，卻能在「一切光明消滅的時候，成為你的照明和指引」。因為看到那束光，就能喚回那段最美好的回憶，這正是紀錄所帶來的力量。

將來的某一天，當我們身處人生最黑暗的時刻，若你有用心並有意識地去記錄生活的點點滴滴、值得開心或感恩的事情，那當最難受、最痛苦、最想要放棄的時候，那些紀錄就會變成你心中的那束光，默默指引你朝向正確的方向。

☆歲月雖無聲，但紀錄能讓它有迴響

前面我們提到，堅持記錄才不會迷路；堅持記錄才會有進步；堅持記錄才能讓生活更精采。最後，我想說的是：**堅持記錄，才更有可能真正做到堅持，這是一個循環的過程。**

有時候，我們之所以無法堅持做一件事，很大的原因就是缺乏記錄，當我們開始記錄，往往就會比較容易堅持，而當我們持續堅持以後，便會持續記錄，這就是一個正向循環。你會發現，一旦停止記錄，就很難再堅持下去，而你堅持不下去的原因，很可能是因為沒有記錄。曾經有段時間，我覺得自己的時間管理已經做得不錯，便不再使用「三十四金幣法則」來記錄時間，甚至連每天做的事情也不再記錄。當時我以為自己已經養成良好的習慣了，便中斷了將近一個半月的記錄。一開始似乎還沒什麼問題，但接下來的日子開始變得混亂起來。

那段時間，我常常在早上講完課就回家睡覺，一睡就一整天；飲食也毫無節制，甚至半夜還跑去吃海底撈。我當時還對自己說：「沒關係，反正就這一次。」但後來我驚訝地發現自己的髮際線漸漸往後退，體重也開始增長……我看著鏡子裡的自己，不禁驚呼「天哪，我怎麼會變得這麼糟糕！」更糟的是，當我開始意識到自己變糟了，卻又不敢去記錄，因為實在太糟糕，連記下來的勇氣都沒有。就這樣，陷入了惡性循環。反思之後，我就想：「反正已經這麼糟了，不如就把今天怎麼浪費的，誠實地記錄下來吧。」結果神奇的事情發生了，當我打開表格開始記錄的那一刻，開始了全新的反省過程，於是從第二天起，我又找回了原來的習慣。

堅持記錄，才能讓自己學會堅持，有時候，事情的關鍵就在於「記錄」。

自人類文明以來，地球上累積的人口總數將近兩百億了，但真正能被歷史記住的其實寥寥無幾，而那些被記住的人，都是透過自己的方式留下了紀錄。他們可能在某個領域做出重大的貢獻，也可能用某種形式留下了深刻的印記。

我相信，這個世界上一定有很多非常偉大的藝術家，但是我們記得住的，永遠是那些記錄下自己作品的人，因為他們那些精妙絕倫的作品本身就是一個紀錄，僅此而已。想像一下那些偉大的作家，他們將自身的才華記錄了下來，用文字為自己留下了印記。如果當年孔子的弟子沒有把他的言論編成《論語》，我們現在可能就不知道曾經有孔子這個人了。我們也許無法為人類歷史留下什麼，但我們每天可以抽出五分鐘，記錄今天自己說過最好的一句話，或是今天讓你感恩的一件事情，這些細微的片段，終將成為未來最溫暖的回憶。

如果你也想跟我一樣非常嚴格地做紀錄，那麼歡迎使用「三十四枚金幣時間管理法則」，具體方法可以參考我的另一本著作《你一年的8760小時》。

寫到這裡，我想起當我們從南極返回阿根廷的途中，船在全球海浪最大、最凶險的德雷克海峽漂泊了兩天，當時浪高達九米，我一度覺得自己可能這輩子就這樣結束了。但船長非常淡定，他拿出之前的航海日誌說：「你看這已經是我第九十七次經歷九米的巨浪了，我還有五十七次十二米的……」

我相信你一定想問：「然後呢？」然後我就放心了，回去邊吐邊睡覺，繼續我的旅程。

其實，不管是什麼形式的紀錄，我相信那都會讓你更有力量走向未來的彼岸……。

第6章

生而為人，不必抱歉

一個人永遠都有機會選擇，永遠可以自由做選擇、永遠都應該記得：學會愛自己，才是一切的開始。

兼顧當下與未來、聰明地愛自己

現在我們經常看到許多網路熱門詞彙，那些曾經一度，甚至多次占據熱搜榜單的詞彙，總能帶給我們不少感觸和思考。在這些詞語中，最能引起大家共鳴的，也許是「打工人」這三個字。

不知道從什麼時候開始，年輕人已經不再使用類似「追夢人」、「拚搏人」這樣帶有勵志色彩的稱號，反而以「打工人」自居。與此同時，我們不時會在新聞看到有關打工人猝死的消息，不禁讓人感到些許悲哀。

舉例來說，有新聞報導：「一位程式師倒在健身房門口，當醫護人員趕到時，已經沒有了生命跡象；冬至的夜裡，一名外送員在十字路口突然倒地，那是他今天送的第三十四單，摩托車後座上，還放著幾份沒送達的外賣……」在我的家鄉烏魯木齊，就在跨年的前兩天，一位出生於一九九八年的年輕女孩，生命永遠地停留在那一天。她猝死的原因，是所屬的某網路電商企業的高強度工作制度所導致，是所謂「硬核」的奮鬥模式，要求她一週工作七天，每天工時不能低於十個小時，每月硬性上班時間不得低於三百小時……

在這些年因高強度工作而猝然離世的年輕生命背後，我們當然應該譴責那些無情壓榨員工的大企業，但我也對這些沒能好好珍惜生命的人感到深深惋惜。肯定有讀者會覺得我這麼說實在很過分、很冷血，認為這些人並非不愛自己，而是每個人都有自己的不得已、生活不容易，被社會競爭所逼迫，是出於無奈才選擇了這種高強度的工作，最終才釀成悲劇。

但我想說的是：**一個人永遠都有選擇的機會，永遠能自由作主的選擇、永遠都應該記得：學會愛自己，才是一切的開始。**

☆愛自己：一切幸福的起點

只有愛自己，這個世界才會更加愛你。

我們的身邊，總有很多人以賺錢為理由，不斷透支自己的身體，然而，就連最淳樸的農民都懂一個淺顯的道理——這世上最悲哀的事，就是錢還在，人卻沒了。而我們卻常常在前半生用健康去換金錢，後半生再用賺到的錢去治療身體，這完全就是本末倒置。

我在前面的文章中曾經提到，那些真正懂得享受生活的人，不論是住在亞馬遜雨林裡，還是生活在非洲大草原上，他們的物質條件可能沒那麼好，但精神生活卻是無比富足，幸福指數往往也都很高。他們的共同點都是無比愛惜自己，他們知道人活一輩子，什麼都帶不走，最關鍵的是要去「體驗」。

要體驗什麼呢？當然是體驗人生、體驗過程，從體驗中獲得幸福，因為這些幸福的體驗，才是人生在世應該去追求的。你也許會覺得這些大道理很像心靈雞湯，但許多現代科學研究已經證實，那些懂得愛自己、珍惜自己身體的人，往往比過度透支自己、消耗自己的人活得更幸福、也更成功。你愛自己越多，世界就會回報你越多。

當然，關鍵在於「如何愛自己」。真正懂得愛自己的人知道，人生最重要的是自己，一個人必須花時間打磨自己，讓自己變得更優秀，而不只是被動地生活。就像我們常說的，社會上有太多人寧可吃生活的苦，也不願吃學習的苦。這就是不愛自己的表現，真正的愛自己，是要不斷努力學習，努力向上，走向更開闊的天地。

愛自己的人，不僅會更珍惜時間，還會讓自己的時間變得更值錢；愛自己的人，會珍惜身體，明白短期的透支無法帶來長期的回報；愛自己的人，懂得聰明地工作，而非一味以苦勞換功勞……這才是愛自己的正確方式。在感情中也是如此，要先學會自愛，才會得到愛。愛自己的人，雖然同樣會為對方付出，但同時會保有足夠的吸引力，讓對方覺得和自己在一起是幸福的，而不是一味地討好。只會討好對方、委屈自己的人，不僅得不到尊重，也很難獲得真正的愛。一個人，無論是對伴侶，還是自己的小孩，唯有先愛自己，才有能力去真正地愛另外一個人。

自愛固然重要，但有時也會出現兩種極端。一種極端是過分的自私。自愛和自私之間的差別是什麼呢？我認為，自私是「損人不利己」，而自愛則是「利己的同時也能利他」。另一個極端就是無私，我覺得真正無私的人和事物，其實非常少見，如果我們總以「無私」來要求自己，卻沒有以真正愛自己做為前提，那麼這種無私是難以維持長久的。

自愛是接納自己的每一點，不僅是優點，還包括缺點，我們每個人都要學會接受自己的不完美，這樣才能發揮優勢，彌補短處，從而讓自己變得更有競爭力。而自私的人，則往往無法看見或否認自己的缺點，只願意讓其他人注意到自己的優點，一旦聽到不合自己心意的話，或是別人做了任何自己不喜歡的事情，自私的人都無法接受。自私者只顧自身利益，寧可犧牲他人，或根本不在乎他人的死活。

這樣的道理，其實對孩子的教育上也一樣，我們都不希望讓孩子養成自私的習慣，所以家長們會常常教導孩子：有好東西不能只是自己享受，也要跟其他朋友分享。這其實就是一種更高層次的自愛，因為只有當一個人足夠強大、夠愛自己，他才有餘裕與他人分享，否則就算是他把東西給別人了，恐怕也只是形式上的給予而已。

讓自己變得更美好沒有錯，但在變好的同時，也應該讓身邊的人受益；變強大的同時，也要讓身邊的人享受到你變強大以後所帶來的成果，這才是真正強大且成熟的自愛。

☆花時間與心力，好好愛自己

對於如何聰明地愛自己這個問題，我覺得還需要注意一點，那就是要避免掉進消費主義的陷阱。現今有許多商家和廣告都以「愛自己」作為宣傳點，宣稱愛自己就要擁有某些商品，一不留神，就會讓人掉入及時享樂的陷阱之中。我們隨時都能看到各種產品廣告在說「女人要多愛自己」、「男人要對自己好一點」，彷彿只要買下這些產品，就是愛自己。雖然這些物質消費確實可以在短時間內帶來短暫的「小確幸」，但如果長期沉溺於其中，這些「小確幸」積累下來就會成為未來的大痛苦。

無論是透支信用所帶來的債務，還是過度「愛自己」而導致的放縱，都會成為拖垮生活的根源。我們常聽到：「愛是克制，喜歡才是放縱。」愛自己也是一種克制。我們必須學會克制自己某方面低層次的慾望，如此才能換來長期、更穩定的幸福與自由。**真正聰明地愛自己，是一種能夠兼顧當下與未來的智慧。**

很多人總覺得，若要愛自己和享受生活，就勢必會失去工作；也有人覺得年輕人就應該盡全力去打拚，認為青春歲月裡沒有拚命、沒有流汗就是對青春的褻瀆。這種非黑即白的觀點和想法，其實是一種非常愚蠢的堅持，也可以說是對「愛自己」非常淺白的定義。就像有些人說：「愛自己就應該辭掉工作，今天離開工作，明天就開始享受生活，或者去自己想去的地方。」但只要我們好好思考一下，其實是有可能做好工作的同時，也過上自己想要的生活；既能夠愛自己，也能在愛自己的同時獲得相應的回報。

現代社會最大的優勢就在於，只要我們願意，每個人都可以找到一種適合自己且舒服的生活方式。正如某位美國暢銷書博主所說的：「一年只要有一千個人願意付你一百塊錢，那麼你一年就會有十萬元的收入。」你可以把熱愛的事情做到極致，找到和你志同道合的群體，並做出夠優質的內容，讓他們為你的價值付費。

例如網路上有個叫「手工耿」的網紅，起初只是在鄉村做自己喜歡的、但看起來毫無用處的作品，卻因此吸引了大量粉絲，也因此年收入破千萬。他的故事正是一種專注在小小領域、卻實現大規模影響力的範例。他沒有刻意討好誰，而是單純熱愛自己的生活，用行動詮釋了什麼是真正的自愛。

所以，我認為「愛自己」從來不是一道簡單的是非題，而是一道選擇題。一旦你選擇愛自己，那麼你就走在通往成功與幸福的道路上了；一旦你相信「唯有自愛，才能獲得他人的愛」，那麼你離美好人生也不會太遠。但若你誤以為「愛自己就是自私」、「愛自己就是放縱自己」、「愛自己就是享樂主義」，那麼你很可能會在這些錯誤的理解中迷失方向，最終也將失去真正愛自己的機會。我們每個人都應該要愛自己，但比起單純地愛自己，更重要的是學會聰明地愛自己。愛，是一切的前提。

鈍感力是人生的潤滑劑，讓你開花結果

當代人最大的困擾之一就是：要怎麼做，才能活得不那麼累？

仔細想想，這的確是一種現代人共同的困擾。很多人都想活得沒心沒肺、無論外界發生什麼都能心無波瀾，但隨著社交網路的普及，我們每個人都難以面對來自他人的評價。曾經有人問我：老師，我怎麼樣才能不那麼在乎別人的評價與目光呢？

如果說以往的評價多數來自熟人，那麼現在，連完全陌生的人也能對你進行評論。搭計程車，司機也可以給你評分；點外送，外送員也能留言評價你；在微博發文，也會收到來自陌生人的留言指指點點……於是我們漸漸發現，日常生活中無時無刻都可能被人留下口碑。因此，越是在意的人，就越會變得處處謹慎，因為一個小小的疏忽，就可能被貼上「差評」的標籤。

也有學生更直接地問我：「老師，要怎麼樣才能像你一樣活得沒心沒肺呢？你們這些公眾人物，要如何承受別人的負面評價呢？」告訴大家一個祕密：其實所有人都很在乎別人的負面評價，而有些人之所以能表現得雲淡風輕，是因為他們擁有比較強的鈍感力。

☆培養鈍感力，對抗過度敏感的人生

所謂的鈍感力，其實就是一種「知道別人不喜歡我，但我不那麼在乎」的能力。如果說敏感是能夠察言觀色、洞察他人心思；那麼鈍感，就是主動或被動地選擇關閉自己接收評價的管道。

我們平時接收到的負面資訊確實不少，而刻意關注這些訊息，其實是人類的本能。人類的祖先透過接收負面訊息，得以在危機四伏的環境中存活下來。只有關注負面資訊才能夠讓一個人平安、順利地活下來，到了現代社會，這些負面資訊就變成了無所不在、直接而惡意的評價。

我有個朋友就說，有時候他在看自己微博的評論，即使有一千則評論都是在誇獎他，但哪怕有兩三則負面評論，就會瞬間被那幾則負評影響，情緒低落大過所有好評帶來的快樂。其實每個人都一樣，當你在朋友圈發文，十個人都誇你瘦了，但只要有一個人說你胖了，你就會想跟那個人爭辯說：「我不是胖，只是水腫而已……」

我曾問過身邊的朋友，他們都是怎麼面對負面評論的呢？他們往往會說：「看久就習慣了。」我想了想，確實如此。郭德綱老師曾說過的一段話，讓我至今難忘：「一個人吃虧要趁早，需要經歷很多事情，比如被罵，經歷得夠多了之後，別人再怎麼罵你，你也都會無所謂。但反過來說，如果一個人從小一帆風順都沒吃過苦，那可不是好事，萬一哪天在街上只不過被人罵了一句，心理馬上承受不了，甚至當場就一命嗚呼了。所以，吃虧要趁早。」

如果一個人能在人生早期經歷一些挫折、承受一些不那麼理想，甚至是明顯負面的評價，確實會有幫助。

我很感謝我小學時期的班主任，記得從一年級到四年級，我每年都獲得最優秀學生的評分，結果五年級的時候，老師故意沒有評我為最優秀學生。當時，我跪在雪地裡哭得稀里嘩啦，感覺自己就像悲情電視劇中的男主角，後來我還去問老師原因。老師回答：「沒什麼原因，就是你做得不夠好。」雖然當時無法理解，但是這件事情確實給了我很大啟發——人不需要每一次都做到完美。

所以，如果一個人能在人生早期經歷一些挫折，學會面對來自他人的評價，培養出適度的鈍感力，那他一定能走得更遠。

☆尊重他人情緒，是情商更高的體現

雖然挫折教育很重要，但這並不代表我們要刻意打壓自己，更不能因為缺乏基本的共情能力，而對他人的情感表現冷嘲熱諷，甚至以此為傲。

有時候，我會故意逗我的太太，特別是在她看一些感人電影的時候，每到動情之處她總會哭得稀里嘩啦，但我的淚點可能比較高，常常在她落淚的時候忍不住笑出來。這時她就會很生氣，說我沒心沒肺、狼心狗肺之類的……後來，我也開始反思，就算自己沒被情節感動，也不應該露出嘲笑的態度。所以，即便你有很強的鈍感力，甚至有時你可能會覺得別人太過矯情或過分敏感，我們也不應該將沒有感受的這面表現出來，而是學會尊重他人的情緒感受，用更強大的鈍感力讓對方知道，你能夠感受到她的感受。

真正成熟的鈍感力，不是去嘲笑情緒外顯的人，而是能在理解對方感受的基礎上，適當表達出自己的情緒反應，或者選擇在對的時機沉默與共感。

☆不玻璃也不木頭，你可以剛剛好

我想大家一定會問：怎樣才能在鈍感和敏感之間找到平衡呢？其實，沒有人天生擁有高情商，也沒有人天生就有鈍感力或高敏感，能夠同時具備敏銳與穩定情緒的人，往往都是在後天學會了自我調節與自我覺察。中國古人所說的「中庸之道」和「過猶不及」，其實正是在講同樣的道理。

如果過於敏感，常會將困難或失敗過度歸咎於自己，認為都是自己的錯，甚至因為別人一句無心的話、一個無意的舉動，就在心裡產生很大的波動，陷入煩惱與自責的情緒裡。而如果是過於鈍感，則常常無法察覺他人的情緒或暗示，往往得罪人而不自知，在無意之中就錯失了很多重要的機會，或是讓自己陷於尷尬與誤解之中。

曾國藩曾在家書中寫道：「古來凶德致敗者，約有兩端，曰長傲，曰多言。」他告誡後輩子孫，傲慢和多言都會有損德行。他自己年輕時就因為「多言」而吃了不少苦頭。後來他開始養成每天在睡前寫「日課」的習慣，記錄下自己當天的一言一行，反省是否有不妥之處，漸漸改掉了亂說話的毛病。

所謂「言多必失」，往往是因為我們在說話時沒有顧及他人的感受，因而說了一些得罪他人的話。我有時候也會說出一些「傻話」，後來我決定，當我又說出「傻話」時，就把它們全部記下來，三不五時拿出來看一看，也反省自己怎麼能夠說出這麼「蠢」的話呢？同時，我也會思考：如果換個方式表達會不會更好；那些事如果換個方法嘗試的話，會不會有不一樣的結果。只有不斷地積累和反思，才能慢慢打磨自己的鈍感與敏感，並在兩者間找到平衡。

敏感與鈍感表面上看似對立，其實卻是相輔相成。若一個人缺乏鈍感，敏感就容易演變為過度反應或情緒化的衝動；但若缺乏敏感，鈍感又容易變成遲鈍或不解風情。可見，二者雖然相對，卻並不互斥。適度的敏感讓我們細膩入微，適度的鈍感則能幫助我們保持穩定與淡定。

因此，我們要持續反思，學會在敏感和鈍感之間找到平衡，只有將兩者結合起來，才能既遠離自尋煩惱的陷阱，又能對重要的事保持專注，提高自身的效率。

☆只要放對位置，每個特質都是寶藏

有時候，我也慶幸自己生在這個最美好的時代，在這個年代裡，就算你是個超級敏感或者超級遲鈍的人也沒關係。

有句話說：「垃圾，都是放錯位置的寶藏。」鈍感讓我們在工作時不會畏首畏尾，遲鈍的人往往具備勇往直前的勇氣，因為遲鈍，所以不會瞻前顧後，更不會優柔寡斷，不怕困難的人總是不輕易放棄，鈍感的人自有一股堅韌的力量，能完成他人難以達成的事。而敏感的人，可以將自己的特質轉化為另一種優勢，將敏感投注於自身，可以帶來更多的內在反思：一天的工作是否順利？某個專案中有哪些得失？自己真正擅長的是什麼？又有哪些需要改善或避開的缺點？這種自我審視的能力，讓敏感的人更容易察覺機會，也更能抓住那些旁人忽略的細節。

在我們努力尋找鈍感和敏感之間平衡的同時，也應該試著去找到適合自己特質的工作。如果你是個超級敏感的人，或許可以嘗試從事需要細膩觀察與深層情感連結的工作，比如作一名作家，利用自己的敏感去觀察生活中的細節；或是當一位心理諮商師，發揮強大的共情能力，幫助別人排解心中的困惑。相反地，如果你是一個鈍感非常強的人，那你可能更適合從事銷售或業務的工作，因為鈍感的人通常不太在意面子，不會因一時被拒而自責或喪氣，更能持續地行動與突破。

經濟學者亞當・史密斯（Adam Smith）在《道德情感論》（*The Theory of Moral Sentiments*）裡說過：「一個人真正高尚的品格，是對自己痛苦的充分克制，以及對他人悲痛的無限同理。」鈍感，是對自我痛苦的容忍與調適，是逆境中依然淡定堅持的力量，是處變不驚、面對困境時的安然與鎮定；而敏感，可以是對他人悲痛的強烈共情、一種對生活細節的高度感知、一種與世界各種悲傷對話的能力。

對自己的痛苦保持適度的鈍感，對他人的情緒保持必要的敏感，是我們一生都需要攻克的難題。**調和鈍感與敏感是一種大智慧，是發現自己、認識自己、找到自己，最終實現幸福人生的巨大智慧。**

你缺的不是愛情，而是分辨愛情和收穫愛情的能力

愛情到底是什麼？從古至今，無數人寫了無數本書試圖解釋這個問題，從文學、哲學，到生物學與社會學等各個領域……即使到了今天，好像也沒有人能把這個問題說清楚、講明白。

在這個資訊極為發達的年代，有非常多自稱「愛情大師」的人，替大家答疑解惑，甚至有人開班授課，教別人們獲得愛情的「方法」和「手段」。我一直不敢輕易談論這個主題，即便我現在已經結婚了，也不敢說自己是這方面的專家。但我總在想，愛情是任何一個人都難以避開的課題，無論你打算一直單身，還是希望找到理想的伴侶，愛情作為一種重要的生命經驗，每個人或多或少都曾渴望過、嚮往過。

在這裡，我只想根據我個人的一點經歷與感受，和大家一起探討，我們要怎麼做，才能擁有一段美好的愛情。

☆愛情，從來沒有「對的人」，而是「對的經營」

當年，我也曾有過類似的困惑：為什麼現代人的單身率會如此之高？如今全國單身人口已經高達兩億，尤其是像北京這樣的超級大都市，單身男女的數量越來越高。其中一個很重要的因素，是因為經濟發展使得我們的選擇變得越來越多，當選項變多，大家便開始害怕選錯。萬一現在交往的對象並不是命中注定的那個人怎麼辦？萬一之後還能遇到更好的人怎麼辦？若你心中總有這樣的顧慮時，究竟該如何做出選擇？

不知道大家有沒有聽過蘇格拉底要求學生去摘麥穗的故事，或你們知道的版本是蘇格拉底採玉米？其實這個故事的大致內容是，一位哲學家穿過一大片長滿農作物的農地，他需要從農地裡摘下一顆他認為最大、最飽滿的果實，唯一的限制是，這期間他只能向前走，不能回頭。那怎樣才能確保摘的是最大、最飽滿的果實呢？這其實是一道數學問題，假設我們要在N個選項裡挑出最好的那一個，那麼就需要仔細挑選前三分之一的選項，在這個範圍裡選出一個最大的，將其作為標準但不拿走，而是繼續挑選。在接下來的挑選中，只要遇到比標準的那個還大，就立刻選擇它。

根據這個數學方法，我身邊有朋友總結出了一個非常「功利」的戀愛公式：假設你預計會與一百個人約會，那麼就先觀察前面三十三個，在這三十三個裡選一個你認為最優秀的，將其作為標準。接下來，只要再遇到一位條件優於這個標準的人，就可以決定和他在一起。若單純以數學的角度來看，這確實是個看起來有點「功利」、但非常有用的戀愛方法。如果你實在不知道該選誰，卻又很想找個人定下來的話，那不妨可以試著參考這種方式。一旦你選擇了那位超越標準的對象，就堅定不移地與他走下去。即使未來再遇到更好的人，也別再猶豫，只要告訴自己：「有緣無分，這輩子就這樣了。」但問題是：你敢這麼嘗試嗎？

大家都說婚姻像圍城，我覺得愛情也是一樣，朱砂痣和白月光的情節，都是圍城理論的另一種表達方式，如果真的用理性的公式去找到最優解，那麼愛情也將失去它本該有的溫度與趣味。畢竟，有時候愛情就像是賭博，是機率遊戲，誰也無法保證下一個會不會更好。我們常說「小賭怡情，大賭傷身」，其實愛情也是。如果我們把人生都壓在愛情上，雖然可能會愛得很火熱，猶如鮮花著錦、烈火烹油；但最終也容易迎來傷痕累累的結局，無論是梁山伯與祝英台，還是羅密歐與茱麗葉，或是《鐵達尼號》裡的傑克和蘿絲……

當然，還有許多美好的愛情故事並不是以死亡為終點，只是大家沒有留意罷了，就像諾貝爾獎得主居禮夫人（Marie Curie）與她的丈夫，我認為他們是非常理想的一對伴侶，他們成就彼此、共同進步，給予對方溫柔且有力的支持，而不是情緒的拉扯與傷害。

如果你問，這個世界上是否真的存在那個「對的人」？我覺得這永遠是個開放的答案。我們沒辦法確定這個人是否百分之百完美、是否完全符合你的期待，也許在世界的某個角落，還存在比眼前這個更適合你的人，但在**現實生活裡，我們無法無限地嘗試與等待，只能在有限的條件下，選擇一個「相對最適合」的人，然後努力把這段關係經營得更好。**

☆最好的愛，是讓彼此發光的距離

在這個世界上，也許我們無法清楚地定義，到底什麼樣的愛情才是「好」的愛情；但「沒那麼好」的愛情卻有千百種，且各具特點。不好的愛情會讓兩個人的生活空間越來越狹窄，彼此互相限制對方的交際圈，跟這樣的人在一起，處處充滿限制與不安，根本無法透過這段關係看見更大的世界。

有的戀人以「愛情」為名，彼此互相「管理」，一方干涉對方出門要穿什麼衣服，另一方則要求查看對方手機裡的所有社交帳號，甚至要求對方刪掉通訊錄裡的所有異性聯絡人……這種比誰更能掌控對方的「競賽」，真的能夠讓彼此的感情更深厚且親密嗎？顯然不會。猜忌只會帶來越來越多的不信任，這並不是一種健康的關係，我之所以確定我的愛人是我想要共度一生的人，是因為和她在一起，我的世界變得更寬廣、更豐富了。

所以有人說，好的愛情應該是有趣的靈魂彼此相惜，兩個人應該是相似又互補的，但又不可能完全相同，或完全互補。有些漫畫會把愛情描繪得很完美：剛好是一個螺絲配一個螺帽，一個齒輪緊扣另一個齒輪，彷彿兩個人可以緊密地拼接在一起。但其實，這個世界上並沒有那麼完美的另一半，即便兩個人感情再好，也會有需要磨合的地方，**只要磨合的結果能讓彼此的世界變得更大，讓我們的知識面更廣，讓我們可以變得更加優秀，就是一段好的愛情。**

反過來說，如果這段磨合，讓一個人看見的世界變得更小，讓一個人的優勢被削弱，讓你的自信心變得更低，那就不是好的感情。當然，更可怕的是肢體上互相傷害，這種情況發生的話，那就真的要立刻跟對方說再見。

☆「情感帳戶」：為愛存下一點緩衝與回憶

我覺得，好的愛情是一個動詞，就像剛才說的，是能夠彼此成就、讓彼此變得更好的愛情。現在人對感情的要求都過高，這導致很多時候，只要對方稍微有一點讓人不如意的地方，就會讓兩個人產生疏離，甚至徹底分手。

也有人問，我和我太太是不是從來不吵架，其實我也問過那些感情特別恩愛的夫妻同樣的問題，大家的回答都跟我一樣：「吵啊，怎麼可能不吵架？」我覺得最可怕的愛情是兩個人無話可說，連架都懶得吵了。所以很多情感專家都介紹過一個非常實用的方法，叫作「情感帳戶」。在兩個人平時感情好的時候，多拍些照片、錄些影片和語音訊息；等到吵架的時候，就可以打開那個情感帳戶，聽聽曾經說給彼此的話，看一看那些美好的照片，回顧曾經一起走過的地方……這樣在吵架的當下，仍能想到對方的好，也許就能夠讓情緒緩和下來，設身處地為對方想一想，等到兩個人都平靜下來，一切都會煙消雲散。

其實我和我太太還有一個約定：吵架不能吵隔夜，因為吵架肯定會帶來負面情緒，無休止的吵架意味著負面情緒沒辦法被消化。所以我跟我太太約定好，架沒吵完就絕不睡覺，這樣負面情緒也不會過夜。

在我看來，一段感情中，男生主動認錯是應該的，也可以說是天經地義的。不管爭執的起因到底是誰對誰錯，單就情緒的角度來說，男生的情緒波動通常比女生小一些，而且在日常生活中，女生承受的壓力與辛苦往往比男生多一些，因此男生多承擔一點，是非常有必要的。

所以，就算是一段好的感情，也難免會有磕磕絆絆。但從長期主義的角度來看，**只要能確保你們的世界不斷擴展，彼此之間能持續給予正向的能量，雙方一起成長，並且都變得越來越好，那這段感情就值得堅持。**

☆感情的公式：時間×注意力

曾經有人問我：如果感情中遇到挫折，我應該堅持長期主義，忍一忍繼續走下去，還是就此放棄。我覺得要不要「忍一忍」，還是取決於兩個人的感情深淺，這時兩個人可以想像一下，沒有對方的未來會是什麼模樣，如果你無法想像對方不在的未來，那就說明兩人之間還是有感情的，那麼雙方都可以為這段感情做一些建設性的努力，也未必要單純地「忍一忍」。但如果出現的是原則性問題，那就不必再忍下去了。比如說，你發現對方的人品和你的三觀有很大的差別，你們繼續在一起可能只會變成一種煎熬，因為那是一種無法改變的現實。

我有個哥們兒曾說了一句讓我印象很深的話，他每次談戀愛，都會特別注意對方對待弱者的態度，比如觀察她怎麼對待服務生，或是如何與寵物相處。其實，兩個人最終決定要不要在一起，很可能就取決於你們能否成為好朋友。我見過的那些美好愛情，雙方不僅僅是男女之間的關係，更是能夠彼此接納、相互促進的好友。如果兩個人已經無話可說，連話題都找不到，那麼感情也很難再繼續下去。

還記得我們在南極遇到過一位老奶奶，她對我們說，**一段好的感情需要三個要素支撐，一是經濟基礎，二是彼此的吸引力，三就是共同的興趣與愛好。**我覺得她說得非常有道理，總結得也很到位。

有很多朋友也曾跟我聊過他們的煩惱，擔心自己跟伴侶之間差距太大，擔心一個人走得太快，另一個人跟不上；或者，一個人過分尋求安穩，另一個人則全力打拚，久而久之，兩人之間就失去了共識。但我覺得，共同的興趣和愛好能成為橋梁，幫助彼此去面對這些差異。因為有共同興趣愛好的人總是有話題可聊，而且這些話題不一定是關於未來的目標，而是能夠讓兩個人坐下來促膝長談的內容。

所以，當兩個人沒話可聊，只把對方當成一種責任和牽絆時，也許就需要重新審視兩個人的關係了。大家一定要記住，一段好的感情，其核心關鍵是：時間×注意力。很多感情之所以無法好好收場，就是因為缺乏真正的陪伴，而陪伴不僅是時間的堆疊，更需要品質。有了高品質的陪伴，哪怕是你每天只陪太太半小時，但這半小時注意力全在對方身上，那這個陪伴就是有效的；反之，如果你陪了兩個小時，但整個過程都只是在滑手機，總是處於神遊的狀態，回答問題只是機械地回一句「好好好」、「是是是」，那這種陪伴，即使時間再長，也是無效的。其實，真正的好感情不在於送了多麼貴重的禮物，而是那些時不時的小驚喜和小幸福，只要你有用心，即使不花很多錢，也不費太多精力，但對方始終記得，那就已經很珍貴了。

繁體中文的「愛」字裡有一顆「心」，雖然後來簡體中文簡化了這個字，去掉了顆心，但在我們尋找那個人的時候，千萬不要把這顆心遺忘了。我相信，大家終究會遇到那個對的人，找到屬於自己的，最好的愛情。

愛他人＝愛自己？

在這個世界上，總存在許多看似互相矛盾的說法。有人說：「沒有人是一座孤島。」我們每個人都與他人緊密相連，我們都活在一個彼此依存的部落裡，所以要學會愛他人；也有人說：「他人即地獄。」認為一切苦惱都源自於他人，所有的困難都是別人帶來的，獨處反而能讓人感到更自在……

諸如此類關於人與人之間關係的討論，或許從人類有文字記載以來便從未停止過，而如今，那些強調「遠離他人」的觀點，似乎正漸漸占據上風。現在中國的單身人口持續攀升，年輕人越來越習慣宅在家裡，越來越多人自覺孤僻，這或許正是這類趨勢最直接的寫照。

那麼，我們到底應該如何面對他人？

☆人際關係裡最弔詭的現象

他人到底是災難和地獄，還是避風的港灣？如果沒有他人，我們究竟能活得更快樂，還是更加心煩？

其實，我覺得這和世界上大多數問題一樣，關鍵都在於一個「度」，很多時候，看似不相關的事物背後，其實藏著深刻的因果關係。比如，很多人會感到自卑、膽怯，這些看起來都只是內心的問題，跟他人有什麼關係？但事實上，**自卑與膽怯的人，往往最在乎他人的想法和評價；而那些真正不在乎他人看法的人，反而人際關係特別好，這正是最弔詭的地方。**

也許你會說：「好吧，那我乾脆活得沒心沒肺，不再理會任何人的想法，這樣就會很快樂。」但我們也要知道，過度的以自我為中心，看似活得很灑脫、快樂，但這種極致的「自信」，本質上反而是另一種程度的自卑。因為這樣的人，根本沒有辦法聽取別人的任何意見，一旦遇到和他同樣強大但立場相左的人，受到的打擊只會更劇烈。

那麼，我們應該如何把握這個「度」呢？

☆你的好，不該浪費在錯的人身上

對於這個問題，有些人會簡單地說：我希望別人怎麼對待我，我就怎樣對待別人。有句古話說：「己所不欲，勿施於人」，但反過來是否同樣成立？我們是否能夠要求別人，以我們對待他們的方式來回應呢？這在我看來，是一種奢望。當遇到幾個不願意用我們期望的方式對待我們的人時，往往會產生一種失望，甚至覺得全世界的人都不值得交流，於是關上了和外界溝通的大門，這兩三個人，便成了我們對人性失去希望的根源。

其實，我們沒有辦法要求所有人都按照我們喜歡的方式來對待自己，但**總會有人，願意像我們對待他們那樣，回應我們的付出。**真正懂得如何與人相處的人，不會期待每個人都符合自己的理想，而是去尋找風格相近、頻率一致的人。人生說到底，是在找尋「同類」的過程。這種同類，不只是在需求、外貌或文化上的相似，更重要的是三觀契合、性格互補，甚至是在「應該如何對待彼此」這件事上，有著相同理解與共識。

當然，這個世界也充滿了有趣和值得挑戰的地方，我們不可能一輩子待在「新手村」，否則永遠無法遇見那些願意用我們對待他們的方式，來同樣回應我們的人。因此，對於身邊的他人，我們一定要知道：選擇比培養重要，只要有得選，便盡可能多選。而那些無法選擇的對象，無論是強制分班認識的同學，還是隨機分配的室友，或其他出現在你生命中的過客，請記得：你們總有說再見的一天。也有一些人，是我們無法說再見的，比如那些三觀與你相距甚遠的親戚，甚至是最親密的家人。這些人對我們來說很重要，但他們和我們終究有所不同，他們或許完全無法理解我們，但我們也沒辦法真正遠離他們，這種情況又該怎麼辦？

☆對人還是對事？聽懂對方真正的意圖

在我當老師的這些年裡，遇過很多令人痛心的孩子，而他們身後的家庭，也同樣讓人難過。有些孩子的出生並不在父母的計畫之中，因此從小就被忽視；有些則從年幼時期就開始不斷被父母打壓……我們沒有辦法選擇自己的親人，但我們可以選擇用什麼樣的心態和方法去面對他們。我們能做的，是讓自己擁有一顆強大的內心，不因任何人的打壓而扭曲對自己的認識，也不因此貶低自身的價值。

除了來自被動關係的打壓，我們更常遇到來自同儕、室友、同事或老師的否定和打擊……當遭遇這些人的負面批評時，只要仔細聽聽他們怎麼說，就能分辨出他是在針對事情，還是針對你這個人。如果對方總是在批評你這個人本身，這樣的評價大可不用理會，因為他給的並不是有建設性的回饋，只是在否定你而已。相反地，如果我們對所有的負評都一概排斥，最終只會變成《國王的新衣》裡的國王，活在虛假的讚美中，看不見真實的問題。

什麼樣的負面回饋一定要聽呢？舉例來說，當有人對你說：你這件事做得怎麼樣、你做的東西怎麼樣、你的作品怎麼樣，你這次的表現如何，只要出現這類針對事情的關鍵字，那就應該豎起耳朵聽一聽，因為對方是針對事情本身提出建議，這樣的回饋很難得，畢竟大多數人都不想隨意得罪他人。**能針對事情提出建議，表示他真心希望你能做得更好**。

我自己平時授課時，就特別希望聽到這類積極的回饋，總希望有人對我提出意見和建議。我每次遇到這種人，恨不得把他抱起來舉高高。這些有幫助的負面回饋，讓我知道哪些地方還可以改善，指出問題的同時，也指明了前進的方向，告訴我接下來該怎麼去做，這是一件值得慶幸的事。當然，也有許多評價介於兩者之間，這時就應該靜下心來和對方深入長談一下，讓對方把事實和情緒梳理一下，以便獲得更真實的資訊回饋。

這種「對事不對人」的意見和建議，尤其是在父母、伴侶等親密關係中特別常見，很多時候，他們並不是真心要否定你，可能只是無法表達出真正想要說的內容，只能以模糊的語言概括情緒，他們或許真的是為了你好，只是沒有找到正確的表達方式。

☆為什麼越善良的人，越容易筋疲力竭？

剛才我們談到的是如何讓身邊的人用我們對待他們的方式對待自己，那麼大家可能又要問：我們又該如何幫助他人呢？我想，這依然是一個「度」的問題。他人和我們一樣，都不是孤島，所以我們需要幫助他人，但也正如人們所說：「他人即地獄」，**過度的幫助若得不到正向回饋，反而會讓自己陷入痛苦之中。**

我覺得幫助他人最好的原則，其實是那句老話：「授人以魚，不如授人以漁。」若要幫助一個人，應該從教他方法開始，但如果對方連方法都不願意學習，那就得先想辦法說服他，讓他有意願改變；當一個人真的需要我們伸出援手，我們可以給出最誠懇的建議，激發他行動的動力；然而，一旦涉及金錢支援，就必須三思而後行。因為錢並不能解決真正的問題，但凡涉及具體利益或是直接利益的給予，也一定要審慎思考後再決定，因為這些可能都不是解決問題的根本之道。許多人之所以覺得「幫助人好累」，我想，那是因為他們幫助的方式出了問題。

以職場為例，如果總有人要你幫他做各式各樣的小事，這就不符合「授人以魚，不如授人以漁」的原則。這些事他明明可以自己做，如果你事事都要幫忙，久而久之你的幫忙不但會顯得很廉價，對方甚至不會感激你，更糟的是，他可能把這當成理所當然。我認識一位高人，大家對他總是充滿感激，他總是能有效幫助到真正需要幫助的人，每次出手，時間與精力的投入產出比例都非常高。我問他是怎麼做到的，他給了三個步驟：第一步，成為某個領域的專家。當你成了這個領域的專家，別人來請教時自然會對你心服口服。第二步，除了該幫的忙，其他一律不幫。這就是建立分寸感，對方若在你專業範圍內求助，你可以提供協助；其他無關的請求，就婉拒。第三步，幫忙時，清楚告訴對方該怎麼做、講清楚方法和步驟，但絕對不會所有事情都親力親為。我們不能代替他人去摘果實，既然無法享用果實，那也不應該為他人摘果子。

我曾經也是職場上的「老好人」，別人有什麼事拜託我，我總是說沒問題。但結果是，幫的越多，我心態越崩潰，為此感到很累，事情也越做越糟，反而還影響了口碑。直到我決定專注在自己能做、願意做且做得好的那部分後，專業口碑反而越來越好。

幫助他人的同時，也提高自身的價值，何樂而不為呢？「愛他人」還是「愛自己」？我覺得從來都不是對立的事情，而是可以兼容的。因為愛他人，就是愛自己，這個「他人」是你主動選擇的人，而不是所有人。畢竟我們不是全知全能的神仙，沒有辦法愛所有人。因此，我們愛的人一定要是自己主動選擇的對象。當你真正找到這些人的時候，愛他人就等於愛自己。同樣地，愛自己，才能更好地愛他人。

愛的四個含義：主動、舞動、變動和行動

關於愛情這個主題，我一直不太敢寫。究其原因，一方面是我認為這個主題實在過於主觀，每個人的愛情經歷都不同，沒有人能給出對「愛」最權威的定義。另一方面，我也覺得這個主題早已被講爛了，古往今來，無數偉大的作品都與愛情有關，許多偉大的愛情故事也確實令人動容。

雖然在寫這本書的時候，我已經找到了屬於自己的真愛，也步入了婚姻，但我還是擔心自己的愛情經驗太單一，無法代表大多數人的情況。

但最終讓我下定決心寫下這一章，是因為太多讀者來信請我談談對「愛」的看法。所以，我把自己的一些思考和觀察分享給大家，當作朋友間的交流。希望這些對大家能有所幫助。

☆愛的含義，是「主動」

我在很小的時候讀過一句話：「Love is a verb」（愛是個動詞）。當時，我對這句話的理解

是：愛不應該是名詞，它是動詞。**說白了，真正的愛是要行動起來、需要付出才會成立。**直到長大以後，自己經歷了許多事情，我才明白這個「動詞」其實蘊含了許多含義。

第一個愛的含義，是「主動」。

不管是男生還是女生，想要找到另一半，都必須從「主動」開始。現在單身的人越來越多，其實就是因為許多人都沒有理解「主動」這個核心關鍵字。

主動可以從兩個層面來看：

首先，要主動讓自己變得更好，而不是被動地等待自己能剛好配得上心目中的那個人。現實生活中，不論是男是女，不少人在面對感情時或多或少都有些眼高手低。我經常跟學生分享一句話：「讓自己變得更優秀，更加優秀的那個人就會在你變優秀的過程裡出現。」主動變得更優秀，是我們每個人都應該努力的方向。我們也應該主動釋放自己的美，不論是外在的、內在的，還是你所欣賞的那種氣質之美。只有主動發出相應的信號，才能吸引到和你相似、頻率相符的人。如果我們只是一味被動地等待，無論你多麼的優秀，在這個資訊紛雜的世界裡，很難找到跟自己志同道合的另一半。

其次，是主動進入這個世界，理解它的真實樣貌。要知道，這個世界上沒有任何一個人是完美的，每個人多少都有些缺陷。如果你總是沉溺在完美世界的浪漫情節裡，那便可能對真實世界產生誤解，認為只有遇到那個「百分百契合的人」才能展開一段戀情。但有時候，愛情就像火焰，有些愛情之所以熾熱，是因為燃燒的時間比較短。想像一下，如果羅密歐與茱麗葉沒有家族的反對，他們如願地相愛以後，因為發現彼此的缺點，結局因此變成他們相處了一段時間之後便散了。所以，我們還是要主動了解真實世界的模樣，再做出選擇，這樣更容易遇到合適的伴侶。

當然，每個人對這個世界的理解都有所不同，這也是為什麼我們常常聽到「三觀」這個詞。所謂三觀，是人生觀、社會觀與世界觀。在我看來，人生觀是我如何看待自己這一生；社會觀是我如何看待自己和他人的關係；世界觀則是我如何看待自己與這個世界的關係。

我的人生觀，是希望透過自己的努力，過上想要的生活，也讓身邊的人更加幸福。好在我的太太跟我持有相同的看法，也許正是我們的三觀一致，才讓我們能走到一起。

在社會觀方面，我覺得人與人之間應該彼此幫助，這樣大家才能一起變好。但也有些人認為，一個人若要變好，就必須建立在別人變差的基礎上，彷彿人與人之間完全是你爭我奪的競爭關係，這樣的價值觀讓我難以認同，也難以與其建立親密關係。

至於世界觀，我認為人活著是有意義的，我們的行動可以為世界帶來改變；但有些人卻覺得，人活著與這世界毫無關聯，不會帶來任何影響。我也很難與這樣的人走得太近。

其實我一直想說，三觀沒有絕對的是非對錯，每個人都可以有自己對人生、社會以及對這個世界的認知和看法，只是我們都想找到跟自己相似的那個人而已。

☆別急著進婚姻，先來跳支舞吧

第二個愛的含義是「舞動」。

當你能夠主動選擇，並遇見那個讓你心動的另一半時，美好的愛情也就隨之展開了。但遺憾的是，很多人從未主動，也沒有經歷「舞動」的過程，就進入了婚姻。

如果你現在還有機會，不論你現在幾歲，我仍然希望你能親身體會「舞動」的青春。「舞動」的過程，其實就是兩人之間配合與磨合的過程。一個人跳舞，當然可以想怎麼跳就怎麼跳；但**愛情的舞蹈，更像是華爾滋，有進有退，彼此配合。**

跳華爾滋的時候，看起來像是男方在引導、女方被牽引，但其實那是雙方默契配合的成果，你來我往，有進有退，每一個動作都需要彼此的理解與配合。剛開始時，難免會踩到彼此的腳，這很正常，如果可以的話，試著多跳幾曲，看看是否能找到一個可以一起和諧舞動的節奏。需要注意的是：舞池的邊界就是你的底線，如果對方做出一些完全超出你做人底線的事情，等於是跨出了舞池，那你就必須立刻結束這段舞蹈，果斷地離開。

我和我太太之間也有一些不太默契的地方。比如：我很喜歡徒步、翻山越嶺，但她對這些活動並不感興趣；她很喜歡現代藝術和時尚，而我就顯得有點「土」；她愛吃酸的，我喜歡吃辣；她喜歡安靜優雅，我喜歡熱血激情……但是，這些差異不代表我們不會彼此欣賞，也正因為我們的性格相差不大，在三觀方面還算一致，我慢慢地學會欣賞藝術與美感，她也願意在旅途中陪我多走幾回，這些雖然都不算是大事，但這段「舞」還是很美好。

☆真正的長情，從來不是靜止的

第三個愛的含義是「變動」。

一場持久的愛情，並不代表沒有任何變化，在愛的過程中，肯定會有各種變化，而且這些變化往往是自然的，也是值得欣喜的。很多很老套的言情劇裡，女主角或者男主角總會指責對方說：「你變了，居然不愛我了。」每次看到這種情節，我都想吐槽：其實對方會變是正常的，不變才奇怪。

前英國首相邱吉爾（Winston Churchill）就曾說過：「想要變得優秀，就要改變。」如果我們想要愛變得完美，就要不斷調整愛的模樣。愛情從來都不是一成不變的，一開始，男女雙方可能都處於激情迸發的階段，但隨著時間推移，大家可能會有更多責任，也會增加親情或牽絆，但這並不代表愛消失了，只是愛轉化為另一種形式存在。有人說，陪伴是最深情的告白。其實愛本來就是一種流體的情感，它會不斷變化，我們只要接受它就好了。當然，在千變萬化之中，若能保有一些不變，這段感情就會變得更容易被雙方接納，而這份「不變」的關鍵，就是我們常說的儀式感。

我記得第一次幫我太太慶祝生日的時候，就答應她每年一定要在不同的城市過生日，這個習慣至今仍持續著，即使遇到特殊情況無法出遠門，我們也會在線上來一場虛擬旅行。這種小

小的儀式感，雖然看起來有些「矯揉造作」，但確實讓我們的愛情變得更加具體、層次更豐富、色彩也更加斑斕。

☆就算風景不同，我依然想和你一起看

最後一個愛的含義是「行動」。

「行動」代表兩個人在同一條路上一起往前走，也可以說是共同成長。很多人會說感情難以維持長久，時間久了就淡了，所以兩個人走著走著便走散了。一個還想往前走，另一個卻想待在原地；一個想往左走，另外一個則想去看看右邊的風景……當然，每個人都有自己的選擇和追求，向左走還是向右走，完全是個人的選擇，走點彎路其實也沒什麼，大不了走個「S」形路線。或者一個人跑得比較快，他可以先走完自己的那一邊，再回頭陪對方去看看另一邊的風景。

但最核心的一點是：一起走。很多感情之所以無法維持，是因為經常只有一方在外面接觸社會，不斷進步、成長，而另一方卻不思進取、停滯不前。其實，真正持久的關係，都是能讓彼此成長的關係。

當然，也許有人會說：「你看人家比爾．蓋茲都離婚了，貝佐斯也離婚了，還有什麼真正的愛情？」其實我覺得，那種在網路上說「再也不相信愛情」的人，可能從來就沒有相信過愛

情。因為真正相信愛情的人，根本不需要別人的愛情來證明什麼。

相信愛情，就如同相信自己的生命有意義一樣，不必透過他人來定義。就算別人的愛情結束了，也不影響你相信現在或下一段愛情。即便兩個人分開了，彼此也都成長了很多，那段關係依舊是珍貴且值得紀念的。能和我的太太一起，我就會很開心，我們每天都會花一個小時一起學習，分享彼此對這個世界的看法，約定好要一起走得更長更遠。

小時候我不理解為什麼「愛」是動詞，長大後可能也還不算完全理解，只能說現在的我對「愛」的理解包含四個層面：主動、舞動、變動和行動。我不知道未來我們的愛會變成什麼樣子，但我可以肯定，**愛是個動詞，而且會不斷變化。我們應該學會享受愛，而不是害怕失去、害怕變化。**

面對人際關係，你可以更有彈性

最近在網路的世界裡，大家都喜歡用一個詞「emo」，它描述的是這樣一種情緒：感慨生活不易，內心充滿各種煩惱……其實，很多人的煩惱，絕大部分都來自不知道該如何處理人際關係。

比方說：別人不喜歡我怎麼辦？說話得罪別人怎麼辦？同事排擠我怎麼辦？主管不欣賞我怎麼辦？家人不理解我怎麼辦……

人是社會性動物，無法迴避與他人的互動。作為人類，我們不得不活在各式各樣的人際關係網絡裡，周圍人的態度不可避免地會影響到我們的心情。如果讓這些煩惱過度占據我們的思緒，想不焦慮都很難。

我曾經也是一個特別在乎別人看法的人，每當我因為某件事情而感到焦慮時，就會跑去寵物店看看貓貓狗狗，然後就會想：有些人啊，還不如一條狗！

面對這些無可避免的情緒與困擾，我們應該如何選擇自己真正想要的人際關係？

☆性格，不該是判斷能力的基準

很多人認為，能夠把人際關係處理得很好的人，都是所謂的人際關係管理大師。也有人覺得，這些人往往都是性格外向的人；而內向的人往往不擅長與人互動，因此在這個社會比較吃虧。其實，這樣的認知未免過於淺薄。

首先，內向與外向的性格並非一成不變。有些人在A場合比較外向，在B場合可能卻變得內向；有些人在家人面前活潑開朗，在朋友之間反而沉默寡言，反之亦然。

其次，內向和外向也不能完全根據話多話少來決定，也不能根據一個人處理人際關係的頻繁程度或熟練程度來判斷，更不能因此論定誰優誰劣。有些被歸類為外向的人，也許在人前來侃侃而談，但可能在某個深夜裡暗自哭泣；而那些所謂內向的人，你可能覺得他們不善言辭，但也許他們情感豐富，擅長透過文字進行表達。例如，很多優秀的作家其實都是性格內向的人。所以，**不應該用「內向」或「外向」去定義一個人的能力，更不應該為兩者區分孰高孰低。**

☆內向，也可以很有力量

如果一定要定義「內向」和「外向」，我聽過一個很有趣的定義方法，就是看你和其他人相處時，內心的能量是處於什麼樣的狀態。如果你發現人越多就越興奮、越開心，彷彿內心的能量在不斷增加，像是在吸收他人的能量；而當身邊的人越少，或一個人獨處時，便感到無助、慌張，那你可能屬於普遍意義上的外向者。相反地，如果人越多，你覺得自己其實是在釋放能量，需要花費大量精力去維護人與人之間的關係；而當人變少，甚至獨處時，反而能透過閱讀、音樂，或靜靜一人來積蓄能量，這種情況下，你可能就會被歸類為所謂的「內向者」。

按照這個定義的話，其實我也是個內向的人。雖然我經常講課、演講，甚至上台辯論，但那都是在釋放能量，並非汲取能量；真正讓我恢復活力的時刻，反而是在一個人待著的時候。身邊很多優秀的辯手也是如此，像是顏如晶和黃執中老師，在辯論場上言辭犀利且能言善道，私底下話卻不多。

因此，如果一定要對「內向」或「外向」下定義的話，我會傾向以「汲取能量和釋放能量」這種方式去定義。按照這種方式檢視自己，你覺得自己是什麼樣的人呢？當然，在現實中問題可能更加複雜，你可能在某些人群中是汲取能量的，在另一人群中卻是釋放能量的；在某些時刻，你是內向的，而在某些場合，你又是外向的……

人本來就像是流動的液體，連我們的身體都有七八%是由水組成的，性格又怎麼會是一成不變的呢？所以，定義本身不需太過僵化，只要大致理解即可。我們的判斷與認知常常是模糊的，最終仍須依據具體的情境，做出相對應的判斷與選擇。

☆將「代溝」變成「對話」

人可以分成內向和外向兩大類，其實在人際關係中也有兩種主要類型：一種是可以選擇的關係，例如你的同事、朋友、甚至是老闆，年輕人經常一不開心就辭職，正是因為無法處理職場中的人際關係。另一種則是無法選擇的關係，比如你的父母、兄弟姊妹、七大姑八大姨等親戚。

面對這些無法選擇的人際關係，我們該怎麼做呢？我記得當年有一次在節目上辯論時，就曾討論有關親戚的話題，大概是：「如果說親戚朋友不成長，我們是不是應該告訴他？」當時就有人說：「幹麼要當面指出親戚的問題？如果你把所有窗戶紙都戳破了、把話說白了，明年你二舅要是還不成長，難道他就不是你二舅了嗎？」所以，很多時候，在無法選擇的人際關係中，我們大多數人選擇的處理方式，其實就是維持表面的一團和氣。這也並非不可，畢竟很多人和自己的遠房親戚可能一年也就過年見一次而已，何必自找麻煩呢。

當我們面對這類關係時，如果抱著「讓對方舒服」的心態，那麼對方數落我們單身也罷，工作不好也罷，就沒必要太過在意。畢竟能讀到這本書的人，認知水準肯定不低，不妨就當作助人為樂，讓他們開心一回、打哈哈就過去了。

但問題又來了，如果這些無法選擇的關係是和你高度親密的人那該怎麼辦？例如你的父母、配偶，總不能選擇一輩子都不說話吧？可悲的是，現實中真的有人會選擇冷戰，而這種沉默往往在家庭中造成更深的隔閡。我自己也曾經歷過類似的問題，無論是和媽媽、妹妹，還是我的太太，彼此之間肯定會有無法理解或無法順利溝通的時候。這種時候，我覺得尋求第三方的專業協助，也是不錯的選擇。我自己會定期去看心理醫生，甚至會組織家人一起去做「家庭心理諮詢」。這絕對不是因為出了什麼大問題，而是透過專業者從更高的維度協調雙方的溝通，讓我們能夠從不同的視角去理解對方。如果無法進行家庭諮詢，那麼也可以嘗試建立一個觀念：共同成長。

其實，家庭關係會產生脫節，主要原因在於認知出現了差距，也就是我們常說的「代溝」。畢竟，你的父母所成長的年代，和你所處的時代完全不同，思考的方式也完全不一樣；你和配偶就算已經步入禮堂，但原生家庭的生活習慣和教育方式的不同，也肯定會需要磨合。**如果彼此的共同話題、關注的事物不一樣的時候，這段關係的隔閡肯定會越來越多。但如果你們可以一起培養共同的興趣愛好，那這段關係的認知差距就能有所改善。**

說到這裡，就不得不提到我在線上教課時，有很多學生是夫妻一起學習，我可以看到丈夫和妻子一起出現在鏡頭前。我敢斷言，這樣的家庭，夫妻關係肯定很不錯。當然還有很多是媽媽帶著孩子一起學習，爸爸卻不見人影。一開始的時候，有些爸爸一開始還會嗤之以鼻，甚至嘲弄妻子：「你還學什麼呀？孩子學就好了。」遇到這種情況，我都會建議這些媽媽說：「別害怕，要敢於溝通交流，試著讓老公也聽一聽，說不定聽著聽著他就喜歡上了呢。」大部分情況下，這些丈夫也開始學習，整個家庭也因此有了更多的共同話題。

除了學習以外，我們也可以一起培養其他的興趣愛好，例如共讀一本書、一起聽音樂、一起健行、爬山，甚至一起拼樂高也好。當家人之間擁有共同參與的事情，就會促進彼此的理解與接納，這些無法選擇的親密關係也會因此變得更溫暖、穩固。

☆我們不需要每段關係都走到底

說完無法選擇的關係，大家肯定會問，在可以選擇的人際關係中，我們又應怎麼辦呢？這類主動選擇的人際關係，包含我們身邊的朋友、同事，以及我們的老闆等等。既然這段關係本身就是可以選擇的，那麼想要讓關係融洽，有個非常重要的前提就是：**當你發現這段關係充滿了負面能量和陰暗情緒時，該走就走。**

我的學生經常問我一些類似的問題：「老師，我的室友不讀書怎麼辦？」、「老師，我的同學太墮落了怎麼辦？」、「老師，我的同事為人很陰險怎麼辦？」諸如此類。對於這些問題，我的想法是：雖然有時難免會產生誤解，對方可能不是真的墮落或陰險，但絕大部分情況下，當你發現和某人待在一起時，總是感到被掏空，或對方經常帶給你不舒服的感覺，那麼，是時候和這段關係說再見了。這樣的想法在年輕世代中越來越普遍，現在的年輕人一言不合就辭職，其實背後的本質是因為他們更傾向主動選擇讓自己過得舒服。

不過，雖然是可以選擇的關係，我們也要避免走向另一個極端。如果說一個極端是過度討好型人格，討好同事、討好老闆、討好同學的話，那另一個極端就是覺得所有關係都可以離開。現在年輕人的離婚率居高不下，部分原因就是因為他們一旦懶得維護這段關係，就直接選擇離開。因此，九零後、零零後的抑鬱程度也越來越高，因為他們覺得所有關係都可以輕易斷開，這也慢慢導致現實中的關係變得越來越淡薄，而所有的關係都仰賴於虛擬網路中的互動。這些虛擬的關係沒有辦法帶來真正的安慰，所以罹患抑鬱症的機率就變得很高。其實，這些可以選擇的人際關係是我們人生當中非常重要的一部分，我們應該慎重選擇，也不應該輕易放棄。

那麼，要如何改善這些可選擇的關係呢？我有三個建議：

第一：選擇前要慎重。無論是朋友、工作還是配偶，我們都應該盡可能選擇和自己有共同點的人，不論是興趣愛好還是人生志向。如果你想走遍世界、做一個四海為家的人，那就不要強行混入只想安穩過日子的圈子。如果你是喜歡重金屬搖滾，那就不要硬是混入喜歡民謠歌曲的群體……所以，選擇要慎重。

第二：一旦做出了選擇，就要做好面對現實的準備。在選擇的時候，我們通常會以幾個核心重點作為判斷標準，比如在選擇工作時，可能著重的是工資是否符合期待、團隊氛圍是否融洽、工作內容是否符合自身能力；選擇配偶時，則是性格是否互補、興趣是否相投、生活習慣是否接近……但要特別注意的是，無論選擇的是再優秀的人，或再理想的條件，仍會有二〇%～五〇%的部分是不匹配的。這個時候你不應該立刻就說：「不行，我們還有這麼多地方不合！」然後就把這段關係斷了。相反地，我們應該抓住重點，只要核心價值觀是契合的，就算其他地方有一些瑕疵或差異，還是可以透過溝通與磨合來調整。我有個專門從事婚姻諮詢的朋友說，現在年輕人的離婚率之所以這麼高，就是因為婚前只看見彼此相同的部分，但結婚以後一旦發現了差異，就感到難以接受，於是草率分開。那些經歷多次結婚又離婚的年輕人，不僅在選擇時不夠慎重，更重要的是在選擇之後，發現對方跟自己有不太匹配的地方，他們不是努力去磨合，而是直接選擇放棄。

第三：保持「求同存異」。其實，所有的關係，無論是朋友、配偶，還是主管、下屬，都是一個持續成長的整體，而關係本身是「有機體」。在任何一段關係中，有三個核心因素：你、對方，以及這段關係本身，這三者都會不斷變化與成長。你可以成長，對方也可以成長，這段關係也同樣可以成長。

人際關係絕對不是一成不變，它們的成長與深化，必須仰賴雙方的共同努力和經營，因此，「求同存異」才是經營關係的聰明方法。所以我們要學會主動溝通，並且記得一點：不要總覺得你不說話，對方就能明白你的意思。很多戀愛中的情侶會抱怨：「他怎麼就不懂我的意思呢？」然後開始生悶氣、陷入冷戰。這類行為看似情侶間的可愛互動，實則有些幼稚。如果自己有需求，就應該勇敢大方地表達出來；若覺得難以啟齒，那麼寫下來也無妨。只要在雙方互相尊重的前提下，能勇敢表達自己對關係的期待與想法，那麼這段關係便能持續升溫。

很多時候我們會感到很抱歉，覺得自己無法滿足對方的期待，但如果每個人都覺得自己沒有活成該有的樣子，那肯定不是人有問題，而是我們對「該活成什麼樣子」或「人際關係的理解」的認知出了偏差。關係是能夠成長的有機體，我們可以透過主動選擇、積極維護來讓它變得更穩固、更成熟。但要記住，成長才是人生唯一的課題，所以，生而為人，不必抱歉。讓我們一起不斷成長吧！

野人家 248

看得越遠，走得越直

沒空在角落哭泣，找好人生座標，我獨自升級！

作　　者　艾力

野人文化股份有限公司
社　　長　張瑩瑩
總 編 輯　蔡麗真
副總編輯　陳瑾璇
副 主 編　李怡庭
責任編輯　蘇鈺澐
專業校對　林昌榮
行銷經理　林麗紅
行銷企畫　李映柔
封面設計　萬勝安
美術設計　洪素貞

出　　版　野人文化股份有限公司
發　　行　遠足文化事業股份有限公司(讀書共和國出版集團)
地址：231 新北市新店區民權路 108-2 號 9 樓
電話：（02）2218-1417　傳真：（02）8667-1065
電子信箱：service@bookrep.com.tw
網址：www.bookrep.com.tw
郵撥帳號：19504465 遠足文化事業股份有限公司
客服專線：0800-221-029
法律顧問　華洋法律事務所　蘇文生律師
印　　製　博客斯彩藝有限公司
初版首刷　2025 年 9 月

歡迎團體訂購，另有優惠，請洽業務部（02）22181417 分機 1124

野人文化官方網頁　**野人文化讀者回函**

看得越遠，走得越直

線上讀者回函專用 QR CODE，你的寶貴意見，將是我們進步的最大動力。

國家圖書館出版品預行編目（CIP）資料

看得越遠，走得越直 / 艾力著 . -- 初版 . -- 新北市 : 野人文化股份有限公司出版 : 遠足文化事業股份有限公司發行 , 2025.09
面；　公分 . -- (野人家 ; 248)
ISBN 978-626-7716-85-4(平裝)
ISBN 978-626-7716-88-5(EPUB)
ISBN 978-626-7716-89-2(PDF)

1.CST: 自我實現 2.CST: 成功法

177.2　　114009301